Johannes Rösing

Die Nordamerikanische Revolution

und das Recht der Völker zum Widerstand

Verlag
der
Wissenschaften

Johannes Rösing

Die Nordamerikanische Revolution

und das Recht der Völker zum Widerstand

ISBN/EAN: 9783957001498

Auflage: 1

Erscheinungsjahr: 2014

Erscheinungsort: Norderstedt, Deutschland

Hergestellt in Europa, USA, Kanada, Australien, Japan
Verlag der Wissenschaften in Hansebooks GmbH, Norderstedt

Cover: Foto ©Dirk Berns / pixelio.de

Die Nordamerikanische Revolution

und

das Recht der Völker zum Widerstand

und zur Revolution

von

Johannes Rösing.

Zweite Auflage.

Bremen.
Gedruckt bei Chr. Schmidt & Co.
1849.

Dem demokratischen Verein zu Bremen.

Bürger! Vereinsgenossen!

Mag's sein, daß uns die Welt verhöhnt,
Wer standhaft kämpft, der wird gekrönt.

Wenn ich die wiederholten Wünsche Vieler von Euch erfülle, die diesen Winter in Eurem Kreise gehaltenen Vorlesungen dem Drucke zu übergeben, so geschieht es, um auf's Neue einen Stein zum großen Bau des Gebäudes der glorreichen Revolution des Deutschen Vaterlandes herbeizutragen, welche im März 1848 begonnen, noch viele Zeit und vieler Hände Arbeit bedarf, um als schön gelungenes Ganzes von den mit Sehnsucht darauf Harrenden bezogen werden zu können.

Noch manches Blut, noch manche Thräne wird fließen, ehe das Gebäude vollendet ist und noch mancher wackere Arbeiter wird theils durch seine Kühnheit und Unvorsichtigkeit, theils durch böse Menschen von Leiter und Gerüst heruntergestürzt werden. Aber der Hinblick auf das Gebäude, welches die Nordamerikaner im vorigen

Jahrhunderte errichteten, möge uns ermuthigen, ihre Revolution sei uns ein leuchtend Vorbild und das glänzende segensreiche Resultat ihrer Anstrengungen belebe unsere Hoffnung.

Euch, Ihr lieben Mitarbeiter und Kampfgenossen, die ihr mir als Eurem Vorsitzer schon so manche Beweise Eurer Liebe und Eures Vertrauens gegeben habt, brauche ich nicht um Nachsicht für die Arbeit zu bitten, welche ich Euch heute übergebe; Ihr wißt, daß ich es redlich meine, daß ich ohne allen Eigennutz mit Freuden Zeit und Kräfte dem allgemeinen Wohle widme. — Habt Dank für Eure thätige Mitwirkung, Dank für die vielen Opfer, die Ihr der heiligen Sache bringt, für den Ernst, den Ihr der ernsten Zeit widmet, für Euern Kampf gegen den Unverstand der Gelehrten, für Eure Geduld mit der Hartherzigkeit der Reichen und dem Uebermuth der Aristokraten, die Euch verhöhnen und Euch wegen Eures Kampfes Brod und Arbeit nehmen, — auch Dank, herzlichen Dank für die Treue und Liebe unter einander, wodurch unser Verein, erst vorigen Sommer durch Wenige gegründet trotz der vielen Hindernisse, die ihm Neid und Bosheit, Lüge und Verläumdung in den Weg legte, so rasch emporblühte und nun Tausende in Einigkeit umschlingt.

Bei der nachfolgenden Arbeit schöpfte ich besonders aus Elsners Befreiungskampf in Nordamerika und Murhards Recht zum Widerstande, welche Schriften ich vor mehreren Jahren mit großem Interesse las, daraus manches notirte, was ich hier wiedergebe und vieles getreu dem Gedächtnisse einprägte.

Als ich vor 10 Jahren die Beschreibung der Völkerschlacht bei Leipzig dem Drucke überlieferte, da schaute ich über die materielle Gegenwart zurück zu der schönen, thatenreichen Vergangenheit mit ihrem offenen kräftigen Worte und ihrem für die Freiheit so hochbegeisterten Herzen; jetzt blicke ich von der ereignißreichen, begeisternden Gegenwart mit Muth und Zuversicht in die schöne, segensreiche Zukunft.

So laufe denn, mein Büchlein, vom Stapel hinaus in die tobende See, sei gefaßt auf Sturm und Ungewitter, auf Klippen und Untiefen, steure muthig hindurch; deine Ladung wird wol von Manchen verhöhnt und verachtet bei Seite geworfen, von Manchen beachtet und brauchbar befunden werden; möge sie in die rechten Hände kommen und Nutzen fördern.

Sowie ich mich in dem Nachfolgenden ausspreche, so sprach ich schon ohne Scheu und öffentlich viele Jahre vor der glorreichen Märzrevolution; mit demselben Muthe, womit ich als Freiwilliger unter Lützow's Reiterschaar 1813—1815 in heißer Schlacht und namentlich heute vor 34 Jahren besiegt bei Ligny und gleich darauf bei Waterloo siegend gegen äußere Feinde kämpfte, kämpfte ich auch mit eiserner Consequenz gegen die innern Dränger; des Kerkers Oede und Ungemach stärkte meinen Muth, meine Ueberzeugung und mit demselben Muthe werde ich ferner für das Volk kämpfen, hoffend, das Deutsche Volk werde immer seine Kraft erkennen und muthig weiter kämpfen, bis seine Revolution beendet ist, überzeugt, der Aristokratie augenblicklicher Triumph wird den einstigen Sieg der Demokratie zu desto hellerm Glanze fördern.

Geschrieben am 16. Juni 1849, am Jahrestage der heißen Schlacht bei Ligny.

Johannes Rösing.

Versammelte Mitbürger!

Wenn wir das Buch der Geschichte durchblättern, so zeigt uns jedes Jahrhundert, ja wol jedes Jahr wichtige Ereignisse, welche auf die Gegenwart von großem Einflusse, auf die Zukunft von gewaltigen Folgen waren; wir finden Kriege, Völkerwanderungen, Rebellionen, Verschwörungen, Revolutionen, Umsturze von Verfassungen und Thronen in Menge, den Scepter gekrönter Häupter mit dem Bettelstab vertauscht und Männer aus den niedrigsten Schichten des Volks mit dem Purpur bekleidet. — Vergebens sucht aber der eifrigste Forscher nach einem Blatte, auf welchem der Griffel der Geschichte so viele wichtige Begebenheiten verzeichnet als in dem Jahre, welches uns so eben verlassen hat und kein Jahr haben wir wol mit mehr Seufzer und Sorgen, mit mehr Zuversicht und Hoffnung begonnen, als das Jahr 1849, zu welchem ich Ihnen Allen vom Grunde meines Herzens alles mögliche Gute wünsche. Mögen Sie Alle auf dem neuen Lebenspfade Dornen finden, jedoch nur so viele, um Ihnen in desto größerer Menge die Rosen desto lieblicher, die Früchte desto schmackhafter werden zu lassen! Wollte ich einen Rückblick auf das verflossene Jahr werfen, ich würde sobald nicht wieder herausfinden können aus dem Chaos der Begebenheiten, die sich einander drängten; sie sind Ihnen ja alle noch so neu, Sie haben ja Alle so lebhaftes Interesse daran genommen, daß ich nicht nöthig habe, mich dabei aufzuhalten. — Ich will Sie vielmehr in den Spiegel der Vergangenheit blicken lassen, Ihnen zu zeigen, was ein unterdrücktes Volk vermag, wenn es die Fesseln der Tyrannei brechen will; auf den Erfolg wollte ich Sie hinweisen, den ein Volk mit Muth und Geduld ausdauernd in jahrelangem Kampfe so glorreich für sich, so segnend durch künftige Geschlechter erlangen kann, — den Befreiungskampf der Nordamerikaner vom Englischen Joche will ich Ihnen in gedrängter Kürze erzählen.

Mit Abscheu blickt der Geschichtsforscher zurück zu der Periode vom 30jährigen Kriege bis zur Revolution der Nordamerikaner; nie waren die Völker in so niedriger Knechtschaft versunken gewesen als damals, nie war die Unterbrückung so systematisch berechnet, so durchgreifend auf alle Verhältnisse gewesen als damals.

Durch Luther war der blinde Religionsglaube, die Hierarchie der Priester gestürzt und des Papstes zermalmender Bannstrahl in unschädlich Wetterleuchten verwandelt.

Nachdem nach langem furchtbaren Kampfe die Fesseln des Aberglaubens zerbrochen, die Menschheit sich nach Ruhe sehnte und man die Ruhe durch den Westphälischen Frieden gesichert hielt, mit Vertrauen einer bessern Zukunft entgegen sah, da waren es wieder die Feinde des Lichts und der bürgerlichen Freiheit, die im Finstern schleichenden Jesuiten und die das Volk hassenden Aristokraten, welche sich mit jenen grausamen Philippen von Spanien, mit jenen nichtswürdigen Ludwigen von Frankreich eng verbündeten, die Völker in größere Knechtschaft als je zu bringen; es gelang ihnen nur zu sehr. — Aber, Geehrte, strahlt der Morgenstern nicht am hellsten in der finstersten Nacht? So wie vorher Lug und Trug der Pfaffen zu solchem Unsinn getrieben ward, daß Luther es wagen durfte, die Bullen des Pabstes zu verbrennen, so lag es auch im Plane des Geschickes, daß späterhin die Menschheit den Becher der Knechtschaft erst bis auf den letzten Tropfen leeren mußte, um dann zum Born der Freiheit geführt zu werden. — Das Losreißen der Nordamerikanischen Provinzen vom Mutterstaate machte die Tauben hörend und die Blinden sehend. Nach 8jährigem Ringen nach Unabhängigkeit gaben sie den Europäischen Völkern das Beispiel zur Erhebung und seit jener ewig denkwürdigen Periode, hat die bürgerliche Freiheit, bald mit den Worten der Ueberzeugung, bald mit dem Schwerte in der Hand sich immer mehr Bahn gebrochen, durch Lug und Trug der Pfaffen, durch Ketten und Tyrannei der Regierer, durch den Stolz ihrer Anhänger und Verwandten, durch die Grobheit der Beamten, durch die Bajonette der besoldeten Soldateska, ohne deren Schutz schon längst die meisten Fürsten aus dem Lande getrieben wären. Die Idee der bürgerlichen Freiheit, der Souveränität des Volks macht seit jener Periode eine Reise um den Erdkreis; immer fester werden ihre Wurzeln, wenn auch mancher böse Wurm daran nagt, immer stärker werden ihre Aeste, wenn auch mancher vom Sturme zerschmettert wird und mit jedem Frühjahre grünen schöner die Blätter, wenn auch der Winter den Boden der Freiheit entblätterte.

Jene Gelehrten, die ihren studirten Firlefanz höher schätzen als die Rechte der Menschen, jene Kaste, die sich durch Geburtsrecht privilegirt glaubt und immer sophistisch auf historischem

Rechte pocht, behaupten so thöricht, der mit der Staatsgesellschaft verbundene Mensch oder vielmehr das Volk könne und müsse als Eigenthum Einzelner betrachtet werden; sie weisen auf die Zeit hin, wo nach dem Sturze des Römerreichs Europas Staaten in solchen Verfall gerathen waren, daß die Menschen ohne vom Staate oder von der Christenheit geschützt zu sein, von der äußersten Noth gedrängt, sich dem Schutze einzelner Gewaltigen anvertrauten, wodurch aus der Anarchie das Feudalwesen entstand, indem die Unterdrückten und Schwachen zur Fristung des Lebens sich allen Bedingungen ihrer Schirmherren unterwerfen mußten; in diesem Feudalwesen beruhte die Leibeigenschaft; das Recht der Stärkern ward immer mehr vorherrschend, immer fester wußten die Machthaber die Fesseln der sich ihnen mit Leib und Gut anvertrauten Menschen zu schmieden.

Als man fand, daß die Leibeigenschaft zu sehr dem Christenthum entgegen war, und man die wachsende Aufklärung der Menschen fürchtete, da führten die Machthaber eine andere Politik ein mit dem Grundsatze „im Oberhaupte des Staates liege alle Gewalt, alles Eigenthumsrecht und zwar von Gottes Gnaden." Auf jesuitische Weise ward das dargeliehene Pfand in unveräußerliches nationales Eigenthum verwandelt. — Die kleineren Gewalthaber suchten sich durch Dienste aller Art bei den Mächtigern einzuschmeicheln, wußten sich Vorrechte und Privilegien zu erschleichen, erwärmten sich an der Sonne der Throne und bildeten so die Hof-Aristokratie; sie förderten zu ihrer eigenen Sicherheit und zu der ihrer Kinder und Kindeskinder die Legitimität.

So waren und vermochten die Regierer Alles, die Unterthanen Nichts; immer mehr ward die arbeitende, gewerbfleißige und ackerbautreibende Klasse von den bevorzugten Ständen niedergetreten und von den Regierern, welche unumschränkt über Personen und Eigenthum schalteten, ausgeplündert — und war es bis auf die neueste Zeit anders in den Staaten des Absolutismus, liebe Mitbürger, war nicht fast jeder von der Willkühr der Machthaber abhängig? erlebten wir in unserm Vaterlande keine Justizmorde? in unserer freien Stadt Bremen keine Ungerechtigkeiten, keine Partheilichkeiten?

Wir könnten uns noch lange beim Beschauen dieses Gemäldes aufhalten, würden uns aber zu sehr von dem Zwecke unserer Betrachtungen entfernen; Stoff genug gäbe es, die Kabalen, die Hinterlist, den Betrug, den Meineid, die Tyrannei der Befehlenden jener Periode zu beschreiben, welche den Europäischen, Nord- und Südamerikanischen Revolutionen vorangingen; allein der Wind ist so günstig, geschwellt sind die Segel, die Anker gelichtet, d'rum auf nach Nordamerika, Theil zu nehmen an jenem großen Kampfe, dessen Resultat für so viele Millionen das geliefert hat, um welches wir Deutsche noch kämpfen und wer weiß noch wie lange kämpfen werden, eine freisinnige Verfassung, eine glückliche Republik.

Wir leben in einem höchst merkwürdigen Abschnitte der Weltgeschichte, der Nimbus der Großen mit allen ihren Rangordnungen, ihren Titeln und Orden verschwindet immer mehr, der Reichthum der Reichen verliert seinen Werth, der Firlefanz der studirten Gelehrten schmilzt wie Schnee vor der erwärmenden Sonne der gesunden Vernunft des schlichten Bürgers; immer mehr wird erkannt,
Daß des Arbeiters Hausbacken Brod von gesundem Rocken
Mehr Kraft und Nahrung enthalte, als des Gelehrten lateinische Brocken,
Und vor der Professoren stundenlangem Geschwätze vom historischen
Rechte
Beugen sich nicht mehr die sonst so lammfrommen Teutschen als
Jabrüder und Knechte.

Immermehr wird anerkannt, daß das Recht der Völker weit heiliger und älter sei als das Recht der Fürsten.

Revolutionäres Zeitalter ist der Name der neuesten Epoche, welche, wie Dr. Heinrich Elsner in der Einleitung seines Befreiungskampfes in Nordamerika, bemerkt, mit der Losreißung der Nord-Amerikanischen Colonien von dem Mutterstaate beginnt, weil hier zuerst diejenigen Ideen reiften und auf welthistorischem Schauplatze diejenigen Fragen beantwortet wurden, um welche sich die Politik und der Kampf des Jahrhunderts bewegt — wie Niebuhr sagte: Das Recht der Völker ist heiliger und älter als das Recht der Fürsten.

Eine jener erhebenden Erscheinungen der Geschichte, deren Folgen für die Menschheit von unermeßlichem Ruhm bleiben, ist die Losreißung der Amerik. Kolonien von ihrem Mutterstaate — Großbritannien. — Was Klugheit, Ausdauer und Gerechtigkeit, obgleich von geringen Gewaltmitteln unterstützt, gegen Wankelmuth und Anmaßung, neben großen Streitkräften, vermögen, das lehrt uns jene glückliche Empörung. — Lassen Sie uns zuerst ihre Ursachen zergliedern.

Das Jahr 1763 endete den berühmten 7jährigen Krieg. Großbritannien stand damals auf einem Grad von Macht und Gebietsausdehnung, mit denen sich kein anderes Reich der Welt messen konnte. Unermeßlich stiegen durch neue Fabriken, Fortschritte in der Kolonisation und die Herrschaft des Meeres, die Quellen des öffentlichen Reichthums. Es beherrschte mit einem Arme die Ufer des Ohio, mit dem andern Arme die des alten Ganges und die Meere. — Der Handel nach allen Theilen der Erde und mit allen Producten der Meere und Länder brachte gewaltige

Summen in den Staatsschatz; und dennoch beginnt mit eben dieser scheinbar glücklichen Stellung eine Reihe von Verwirrungen, Unglück und Demüthigungen Großbritanniens. Durch die langwierigen Kriege mit Frankreich hatte sich zwar der Umfang des Reichs vergrößert, aber die Staatsschuld war unbezahlbar vermehrt worden. Die Reichthümer kamen in die Hände von Wenigen und gefährdeten die öffentliche Moralität. — Die Unterhaltung großer Heere — dieses Krebses der Staaten — und des staatsklugen Ministers Walpoll Bestechungssysteme gaben dem Hofe einen ungebührlichen Einfluß auf das Parlament. — Dringende Finanzverlegenheiten brachten das Britische Ministerium auf den Gedanken, die Kolonien mehr als bisher zu den öffentlichen Bedürfnissen beitragen zu lassen; auf Nord-Amerika's 13 Provinzen richtete sich damals (1764) zuerst der Blick. Dorthin hatten sich seit der Entdeckung der neuen Welt zu verschiedenen Zeiten Einwohner von Europa begeben, theils um ein Glück zu finden, das ihnen in der übervölkerten alten Welt nimmer blühen wollte, theils um eine Freistätte gegen politische und religiöse Anfeindung zu suchen. In den sichernden ungeheuren Wüsten entwickelten sie eine wunderbare Thätigkeit und Ausdauer, beseelt von jener Wärme, womit man gewöhnlich zu neuen Unternehmungen schreitet.

Sie bändigten die wilden Thiere, vertrieben oder civilisirten die barbarischen Ureinwohner, trockneten Moräste, dämmten Flüsse, lichteten Wälder und wußten so, einen jungfräulichen Boden bearbeitend und bepflanzend, das Klima milder und der menschlichen Natur angemessener zu machen. — Sie bereiteten sich nach und nach sichere und bequeme Wohnungen und genossen bald die Vortheile des geselligen Lebens.

Diese Menge von Kolonisten — meist Engländer, in den Zeiten der letzten Stuarte ausgewandert — gründeten an jenem ungeheuern Gestade des nördlichen Amerika's im 31 bis 49sten Grade nördlicher Breite die 13 Provinzen New-Hempshire, Massachusset, Rhode-Island, Connecticut, welche 4 zusammen den Namen Neu-England erhielten, Virginien, New-York, Pensylvanien, Delavare, New-Jersey, Maryland, Nord- und Süd-Carolina und Georgien. — Die Volksmenge, der Flor und der Reichthum dieser Staaten hob sich in den letzten 50 Jahren vor Anfang des Krieges mit England auf eine merkwürdige Weise.

Diese Nordamerikaner fühlten sich nach und nach zu einer Nation angewachsen; sie hatten ihr neues Vaterland lieben gelernt, sie erkannten ihre Stärke und obwol von England ausgehend und an Englands Busen erzogen, fürchteten sie die Mutter nicht mehr: Ihre Verfassungen waren ein treuer Ausfluß der englischen Constitution, ihre persönliche Freiheit fand sich vor gewaltsamen Eingriffen durch Geschwornen=Gerichte, selbst in Zivilsachen, geschützt; der Religionsfreiheit genossen sie noch in weit weiterem Sinne, als Alt=England, dessen Kirchenhierarchie, Ursache so mancher Auswanderung, verbannt war.

Wie hätte auch jene Liebe zur Fessellosigkeit, die schon so viele Hindernisse besiegt hatte, ersterben sollen in den ungeheuren Wüsten Nord=Amerika's, wo man die Zerstreuungen Europas nicht kannte, wo keine rohe Soldateska die Throne beschützte, das Blut des Landes aussaugend, wo keine Sucht nach Orden und Titel den Menschen heiligere Bestimmungen vergessen ließ, wo keine Willkühr der Großen die bürgerliche Freiheit mit Füßen trat, wo unaufhörliche Arbeit den Körper abhärten und die Selbstständigkeit des Charakters verdoppeln mußte, wo man im Schweiße des Angesichts nicht für den Luxus der Großen, für Hofchargen und Hofmaitressen zu arbeiten brauchte? — Konnten alle Diejenigen, welche sich in England den Vorrechten der Krone widersetzt hatten, in Amerika ihre Gesinnung ändern, wo kaum ein Schatten des königl. Glanzes vorhanden war?

Tausende hatten England in einem Zeitpunkte verlassen, wo die Unterthanen von ihren Königen mit gewaffneter Hand ausgezeichnete bürgerliche Rechte ertrotzten, dieselben Grundsätze hatten sie mitgebracht; sie hielten es für ein unveränderliches Recht jedes englischen Unterthanen, sein Eigenthum nur mit eigener Bewilligung abzugeben. Alles vereinigte sich in dem Englischen Amerika zur Entwickelung bürgerlicher Freiheit und nationaler Unabhängigkeit. Der größte Theil der Amerikaner war nicht nur protestantisch, sondern Protestanten selbst gegen den Protestantismus, d. h. sie verschmähten jeden Zwang und Autorität in Sachen des Gewissens und des Glaubens; sie hatten die kirchlichen Würden bis auf den Titel abgeschafft. Ebenso hielten sie auch auf freien Gedanken und Urtheil über Regierung und Staatsangelegenheiten; keine Europäische Censurscheere zerschnitt herzlos des freien Bürgers freimüthige Gedanken, keine Zwangsjacke uralter Privilegien hemmte das Talent und den Fleiß, kein Justizmord, wie wir ihn leider so oft in unserm Vaterlande gesehen haben, beschimpfte die Richter und das Land.

Amerika wimmelte von Rechtsgelehrten, welche die scharfsinnigsten und glühendsten Vertheidiger der Freiheit waren und nicht unter der Knechtschaft des Nepotismus standen, welche nicht nöthig hatten um die Gunst hoher Gönner zu buhlen, sie hatten ja auch einen Vetter und Onkel im Rathe. Den Amerikaner, wie einst den alten Römer, zog seine Neigung mehr zu ernsthaften Studien, zu Betrachtungen über Gesetze und Recht und zu Beschäftigungen, die dem Staate nützlich werden konnten, als zu den verfeinerten, geistigen Genüssen Europas. Der Fleiß in der Rechtsgelehrsamkeit machte ihn scharfsichtig, nachforschend und gewandt, hitzig zum Angriff, fertig zur Vertheidigung, reich an Ausflüchten. Bei solchen Eigenschaften kann man einen unrechten Gang der Regierung schon von ferne weissagen, und die annährende Tyrannei an den vergifteten Luftzügen wittern. — Ein so zu Nachdenken gereiftes Volk, zurückblickend auf seine und seiner Väter überstandenen Gefahren und Opfer mußte sich in der großen Krisis seiner Erhebung nothwendig als Schicksalsverwandte, als Brüder erkennen. Auch bildeten sie nur Eine Menschenklasse; jene Reichen und Mächtigen mit ihren Privilegien und Feudalverhältnissen, ihren aristokratischen und nepotischen Grundsätzen waren ja in Europa geblieben. Hier galt nur der arbeitende Mittelstand, der sich nicht überzeugen ließ, daß er sein Glück neben der Vorsehung auch noch der Gnade von Königen verdanke; er betrachtete sich nicht als Unterthan, sondern als frei und unabhängig, und die persönliche Freiheit ist ein mächtiger Hebel der bürgerlichen.

Mächtig durch Zahl und innern Gehalt, ausgestattet mit Reichthümer jeder Art waren die Bewohner der Engl. Amerik. Provinzen nach der Mitte des vorigen Jahrhunderts schon weit vorgerückt in freien und mechanischen Künsten, und im Verkehr mit allen Theilen der Erde war es durchaus nothwendig, daß sie ein hohes Gefühl von ihrer Stärke bekamen und daß die fortschreitende Entwicklung des Nationalstolzes ihnen die Abhängigkeit von Großbritannien drückender machte. — Aber dieses Streben nach einer neuen Ordnung der Dinge, drohte noch mit keinem allgemeinen Brand und ohne eine besondere Aufregung wäre es in den Schranken geblieben, worin es sich schon lange gehalten hatte.

Seit einem Jahrhundert hatte die Britische Regierung klüglich jede Erbitterung der Gemüther vermieden, ja mit väterlicher Sorgfalt die jungen Kolonien beschützt und unterstützt.

Der Friede mit Frankreich 1763, der den Nord-Amerikanern völlige Sicherheit nach Außen gewährte und den Schutz Englands überflüssig machte, erhob Nord-Amerika aus der Stufe des Kindesalters und entwickelte das rasche, feurige Temparament des Jünglings. Aus einigen Tausend Engl. Pflanzern war eine Amerikanische Nation von mehr als 2 Millionen Seelen geworden, deren Verhältniß zum Mutterstaate über kurz oder lang geprüft, näher bestimmt und erörtert werden mußte; denn wie es im Menschenleben ein Alter giebt, wo der Sohn dem väterlichen Ansehen entwächst, so verlangt auch ein Volk, wenn sein Charakter gereift ist, und zwar mit gutem Recht, seine Mündigkeit.

Durch Handels- und Schifffahrtsinteressen waren die Amerikaner durch Großbritannien bevormundet; der Protektor Cromwel hatte durch die Navigations-Akte verboten, daß irgend ein fremdes

Schiff in den britischen Pflanzungen und Kolonien Handel treiben, oder nach England selbst andere Waaren einführen dürfe, als die Producte seines Landes; dadurch waren die Amerik. Kolonisten in dem Handel mit ihren Produkten rein auf England beschränkt und durften ihre Bedürfnisse nur aus Engl. Manufakturen beziehen. Diesen lästigen Handelsbeschränkungen wußten sie indeß durch einen ausgebreiteten ergiebigen, von Zollbeamten nicht sehr gestörten Schleichhandel zu umgehen. Diesem zu steuern stationirte das Engl. Ministerium an den Küsten von England und Irland und später auch bei den Häfen Nord-Amerikas eine Menge kleine Kriegsschiffe, deren Marineofficire ihren Gegenstand mit aller Strenge des Soldatendienstes verfolgten. Die Erbitterung in N.-Amerika wuchs durch die von dem Minister Grenville ins Parlament gebrachte und am 5. April 1764 angenommene Bill, nach welcher auf verschiedene Einfuhrartikel in Amerika eine Abgabe, in baarem Gelde zu zahlen, gelegt ward. — Soviel als möglich entsagten die Amerikaner allen Gegenständen des Luxus in der Consumtion, worauf besonders die Abgabe gelegt war, und kehrten zur alten Einfachheit zurück. — Enorme Summen wurden auf die Weise gespart zum großen Nachtheile der Manufachren in England. — Die Folgen nicht berücksichtigend, vielmehr, als wollte sie die Gemüther aufs Aeußerste bringen, ließ die Britische Regierung in demselben Parlamente, 14 Tage später, eine Akte durchgehen, die das in den Kolonien coursirende Papiergeld aufhob; es waren dies die Creditscheine, welche die Kolonialversammlungen während des Krieges mit Frankreich zur Befriedigung ihrer Bedürfnisse ausgestellt hatten.

Diese Bill, welche das Privateigenthum und die Rechte der Provinzialversammlungen vielfach verletzte und den Credit zerstörte, so wie andere Gesetze und Verordnungen, erweckte eine gewisse Feindschaft zwischen Amerikanern und Engländern. — Das Feuer glimmte nun unter der Asche, bedurfte nur noch eines Zündstoffs, in lichte Flammen aufzulodern. Spekulative Geldsauger spornten die Engl. Minister zu einem für den Staatsschatz eben so einträglichen, für die Freiheit der Kolonien eben so gefährlichen Plan. — Bei der Höhe der Engl. Macht fürchtete man nicht, daß die Amerikaner selbst bei einer Unterstützung einer Europ. Macht im Stande wären, nur im mindesten den Willensaussprüchen des Parlaments zu widerstehen. Das Parlament beschloß in der Sitzung des Jahres 1764, daß die Schatzkammer zur Verminderung der bereits auf 143 Millionen Pfd. St. gestiegenen Staatsschuld Geldunterstützung von den Amerikanern verlangen müsse, und der Minister schlug zu diesem Endzweck vor, für bestimmte Fälle das Stempelpapier, und für den Stempel eine Taxe einzuführen.

Man wagte es aber nicht, die Taxe sogleich aufzulegen und ein ganzes Jahr verstrich unter den heftigsten Debatten; das Ministerium trat leise auf, wollte die Amerikaner selbst bestimmen lassen, auf welche Art sie die Steuer bezahlen möchten. Diese, in hohem Grade über solche Besteurung aufgebracht, wollten von nichts wissen und faßten den heroischen Entschluß, der ganzen Macht des Britischen Reichs zu trotzen, und ihre Menschenrechte, so wie ihre Freiheiten als Englische Unterthanen anzusprechen. In Neu-England zeigte sich der Britische Freiheitssinn am stärksten, und hatte in Massachusetsbay republikanische Institutionen, weshalb auch diese Provinz alle andern zur Bildung eines General-Congresses aufmunterte. Dort ward denn auch die Versammlung gehalten, wo alle Beschwerden der Kolonien gegen das Mutterland zur Sprache kamen. Der Augenblick des Widerstands war gekommen. Mit den glühendsten Farben schilderte die Presse die Beschwerden der Colonien und beschuldigte die Britischen Minister, daß sie Pläne gegen die Freiheit, das Eigenthum und die künftige Sicherheit der Kolonien nähren.

Männer von Geist und Ansehen, welche in kritischen Zeiten gewöhnlich die Bearbeitung und Leitung des Zeitgeistes übernehmen, stellten sich in Amerika an die Spitze der Volksbewegung; allenthalben stiftete man politische Gesellschaften; alle Unterhaltungen drehten sich um die entscheidungsvolle Auflage. Zusehends nahm die Achtung vor der Britischen Regierung ab, welche auch in England selbst durch die Opposition der Whigs unter Pitt und Rockingham heftig angegriffen wurde.

Aber die Minister gingen ihren Weg entschlossen fort und brachten die Bill über die Stempeltaxe ins Parlament. — Eine Protestation gegen die Bill, von der Londoner Kaufmannschaft eingereicht, wurde abgewiesen, weil das Haus der Gemeinen keine Bittschriften gegen Auflagebills annahm.

Ein Minister rief: „Wie? was? diese Amerikaner, unsere „Kinder, gegründet durch unsere Vorsorge, erhalten und groß „gezogen durch unsere Zuneigung, von uns beschützt, weigern sich, „die ungeheure Last des Mutterlandes zu erleichtern!" Rasch nahm der wackre Obrist Barré das Wort, und sprach in bewegtem Tone die merkwürdigen Worte:

„Gegründet durch Eure Vorsorge? Nein! Eure Unterdrückung „hat sie Niederlassungen in Amerika suchen lassen. Sie flohen „vor Eurer Tyrannei und suchten eine Freistätte in wilden, un= „gastlichen Ländern, wo sie alle Uebel trugen, welche der mensch= „lichen Natur aufgebürdet werden können! Erhalten und groß „gezogen durch Eure Zuneigung? War es nicht im Gegentheil „das Verlassensein von Euch, was sie wachsen ließ? — Sie zu „regieren habt Ihr ihnen Menschen geschickt, die nur als Spione

„und Verräther agirten, deren Betragen oft das Blut in den „Adern dieser Kinder der Freiheit zu Eis gemacht hat, Ihr habt „dort Menschen zu den höchsten Würden befördert, die es für „ein Glück erachten mußten, durch die Flucht in entfernte Gegenden „der Rache der Gesetze im Vaterlande zu entkommen. Wahrlich, „dieselbe Liebe zur Freiheit, welche dieses Volk in seinen Anfängen „aufgeregt und gehalten hat, wird es auch noch nicht verlassen, „wenn — doch die Klugheit verbietet mir, mich weiter zu er= „klären. — Jenes Volk ist sicherlich dem Könige eben so treu „als jeder andere Theil seiner Unterthanen, aber es ist eifersüchtig „auf seine Freiheiten und wird sie vertheidigen, wenn man sie „anzutasten wagt."

Das ganze Haus war erstaunt. — Niemand antwortete. Dennoch ging die Bill vom 7. Februar 1765 mit 250 Stimmen gegen 50 im Unterhause durch, wurde am 8. März vom Ober= hause angenommen, am 22. März vom Könige Georg III. unter= zeichnet.

In derselben Nacht, als die Bill durchging, schrieb der damals in London anwesende Dr. Franklin an Carl Thompson, Secretair des Congresses: „Die Sonne der Freiheit will unter= „gehen; es ist nothwendig, daß die Amerikaner die Fackeln des „Fleißes und der Sparsamkeit anzünden."

„Erwarten Sie, antwortete Thompson, bald viele andere „Fackeln angezündet zu sehen."

Furchtbar war der Eindruck, den die Nachricht der ange= nommenen Bill in Amerika machte. Seht da, rief man, der erste Versuch eines vollendeten Systems der Tyrannei! Die Patrioten gaben sich den auffallenden Namen: Söhne der Frei= heit, bereit Alles daran zu setzen, die Rechte der Engl. Ver= fassung in Amerika aufrecht zu erhalten. Virginien gab zuerst das Signal zum offnen Aufstand. In dortiger Generalversamm= lung war die Entrüstung unbeschreiblich. Cäsar fand seinen Brutus! rief ein Mitglied der Versammlung, Carl I. seinen Oliver Cromwel und Georg III. . . — hier wurde dasselbe von dem Sprecher unterbrochen. — Es wurden mehrere Beschlüsse gegen die Bill gefaßt, man ließ sie von Haus zu Haus circu= liren und fand ungetheilte Begeisterung. In allen Provinzen fanden die in Virginien ausgesprochenen Grundsätze Anklang, besonders in Massachussetsbay. — Die ersten ernstlichen Unruhen brachen am 14. August in Boston aus, indem einige warme Verehrer einer neuen Ordnung der Dinge, zwei Figuren, die sich auf die einzuführende Stempeltaxe bezogen, an einem alten Ulmbaum aufhingen. Es sammelte sich eine Menge Menschen, welche die beiden Figuren Abends unter dem Geschrei: „Freiheit, Eigenthum, keine Stempel!" in Prozession umhertrugen. Bei dem Hause eines gewissen Oliver, der zum Stempelbeamten bestimmt war, machte man Halt, warf erst die Fenster ein, zerstörte dann Mobilien und das Haus, schlug der einen der beiden Figuren, die den Oliver vorstellte, den Kopf ab, und verbrannte dann auf einem öffentlichen Platze beide Figuren. Oliver hatte sich durch die Flucht der Volkswuth entzogen. Jene Ulme erhielt den Namen Freiheitsbaum und ward die Veranlassung der besonders während der Französischen Revolution üblichen Sitte, Freiheitsbäume zu errichten.

Am 26. August folgte eine ernstere Scene; der prächtige Pallast des Viceadmirals Hutchinson ward der schrecklichsten Plünderung preisgegeben, Privatpapiere und die öffentlichen Dokumente wurden vernichtet. — Standhaft weigerten die durch die bewaffnete Wache eingezogenen Individuen, andere Unruhstifter anzugeben, man mußte sie bald wieder auf freien Fuß setzen.

Aehnliche Unruhen folgten in andern Städten Amerikas. —

In Providence erschien eine neue Zeitung, auf welcher mit großen Schriftzeichen vorne die Worte standen: Vox populi, vox dei (die Stimme des Volks ist die Stimme Gottes), unten der Spruch des Apostels Paulus: wo der Geist des Herrn ist, da ist Freiheit!

In Boston erschien eine neue Zeitung mit dem Motto: Einheit oder Tod, sie ward, um die Stimmung zu nähren mit den beißendsten Artikeln angefüllt. Es nahte der 1. Novbr., an welchem Tage die Stempeltaxe in ihre volle Wirksamkeit treten sollte. — Als am 5. Oktbr. das erste Schiff mit einer Ladung Stempelpapiere vor Philadelphia erschien, erfolgte ein gewaltiger Tumult; die Glocken, in Tuch gehüllt, tönten bis zum Abend in dumpfen Klängen, Tausende von Menschen umlagerten das Stadthaus und zwangen den Stempeldirector Hugh abzudanken.

In Boston ließ der Stadthalter die Ballen Stempelpapier in das Castell bringen. Aber am 1. Novbr. ertönte ein allgemeines Trauergeläute, man schleppte den früher erwähnten Oliver unter den Freiheitsbaum, wo er aufs Neue seine Abdankung eidlich aussprechen mußte. Fast an allen Thüren der Verwaltungsbehörden ward angeschlagen: „Der Erste, der Stempelpapier austheilt oder verbraucht, habe Acht auf sein Haus, seine Person, seine Habe," unterzeichnet: vox populi. Alles bewaffnete sich. — In Newyork ward der ohnehin verhaßte Vicegouverneur Colden arg gemißhandelt, des Majors James kostbare Bibliothek, sein herrlicher Garten und seine kostbaren Mobilien geplündert.

Die Kaffeehäuser wurden öffentliche Kampfplätze, wo die Volksredner von den Bänken und Tischen herab zu der Menge sprachen. Furchtbar bedroht sah sich der Gouverneur genöthigt, das Stempelpapier auszuliefern; unter lautem Jubel ward es verbrannt. Auf den nahen Feldern von Newyork ward eine allgemeine Versammlung der achtbarsten Männer der Stadt gehalten, eine mit vieler Kunst abgefaßte Urkunde nach allen Richtungen Amerikas gesandt. Um England zur Rücknahme der Bill zu zwingen, beschlossen die Kaufmannschaften, erst in Newyork, dann in allen handeltreibenden Städten keine Englischen Waaren, die nach dem 1. Novbr. ausgeschifft würden, zu kaufen, woraus für die Engl. Manufacturen die fühlbarsten Nachtheile entstanden; damit es an Wolle nicht fehle, verbot man sogar Schaafe zu schlachten und die reichsten Leute kleideten sich in Landtücher. — Als nun der 1. Novbr. erschien, war in ganz Amerika kein Blatt Stempelpapier vorhanden; Alles war entweder verbrannt oder nach England zurückgeschickt. Da die Provinzialstatthalter eidlich verpflichtet waren, die Stempelakte zu vollziehen: so entstand ein völliger Stillstand aller damit in Verbindung stehenden Geschäfte; Gerichtshöfe und Häfen waren geschlossen, sogar die Hochzeiten wurden nicht mehr gefeiert.

Die Nachrichten der Amerikanischen Unruhen brachte in England einen lebhaften Eindruck hervor, die Regierung kam in große Verlegenheit, das Ministerium ward entlassen, an George Grenvills Stelle trat Marquis von Rockingham, einer der reichsten und bravsten Männer des Königreichs. Am 17. Decbr. versammelte sich das Parlament. Fast zwei Monate währten die Debatten über die Amerik. Angelegenheiten mit gleicher Wärme von beiden Partheien, die Minister bedienten sich dabei des in so hoher Achtung stehenden Benjamin Franklin, welcher sehr energisch seine Meinung aussprach, daß nur die Zurücknahme der Stempelbill die Geister beruhigen und die alte Ordnung zurückführen würde; da die Kolonien nicht vertreten seien, könne das Parlament ihnen auch keine Steuern auflegen.

Lord Grenville setzte in einer langen Rede das Unrecht und den Undank der Amerikaner auseinander und bestand auf Beibehaltung der Stempelbill. Ihm widerlegte in einer meisterhaften Rede der ehrwürdige William Pitt, der sich um den Staat so große Verdienste erworben hatte, und in hohem Ansehen stand. Er zeigte klar, wie die Amerikaner durchaus nicht in England vertreten wären, nur ihre eigenen Assemblys seien ihre wahren Vertreter, sie nur hätten das Recht die Kolonisten zu besteuern. Selbst in den absolutesten Staaten sei Niemand besteuert worden, der ohne Vertretung gewesen. Zwar seien auch leider noch sehr viele Großbrit. Unterthanen schlecht vertreten, aber dieser Fehler liegt an der Verfassung. „Vielleicht" ruft hier Pitt gleich einem begeisterten Seher aus, „vielleicht wird auch einmal der Tag kommen (es ist eine Wonne für mich, dieses zu glauben), an welchem die Art der Vertretung, ein so wesentlicher Bestandtheil unserer bürgerlichen Institutionen und die Hauptschutzwehr unserer Freiheit, zu der Vervollkommnung gelangen wird, um die jeder gute Engländer flehen muß. Ich freue mich und preise mich glücklich über Amerikas kräftigen Widerstand. Drei Millionen Menschen, die jedes Gefühl der Freiheit verloren, sich freiwillig und geduldig der Sklaverei unterworfen hätten, wären taugliche Werkzeuge geworden, um uns selbst zu Sklaven zu machen. Ich erkläre, daß ich es unsrer Würde weit gemäßer, unserer Freiheit zuträglicher und überhaupt für das Königreich sicherer erachte, die Stempelbill vollkommen und unmittelbar zurück zu nehmen." — Unglaublich war der Eindruck dieser mit festem feierlichen Tone ausgesprochenen Worte eines so gewichtigen Mannes auf alle Zuhörer. Es war am 22. Februar, als die Stempelbill mit 265 Stimmen gegen 167 zurückgenommen ward. Am 19. März bestätigte der König die Akte der Zurücknahme; ungetheilt und innig war der Jubel in England; man sah die Unruhen in Amerika als gesteuert an und erwartete neues Emporblühen der Englischen Manufacturen und der Schifffahrt.

Mit lebhafter und ungetrübter Freude ward die frohe Botschaft in Amerika aufgenommen. Man erwachte aus einem schweren Traume, hielt die drohenden Gefahren eines Bürgerkrieges für beseitigt; alle Geschäfte kamen wieder ins frühere Gleise. William Pitt wurde der Gegenstand öffentlicher Verehrung. — Aber die Freude ward bald bitter getrübt; neue Parlamentsbeschlüsse erweckten aufs Neue große Unzufriedenheit. Das Englische Ministerium tadelte und verdammte die früheren Beschlüsse der Amerikanischen Assembly's und erklärte, daß das Britische Parlament das Recht habe, Gesetze zu geben, die in allen Fällen für die Kolonien verbindlich seien; die Statthalter wurden aufgefordert, Denen Ersatz zu geben, die in den Unruhen gelitten hätten. In derselben Sitzung, in der man die Stempelbill zurücknahm, war eine Bill durchgegangen, welche den Amerikanern einen reichlicheren Unterhalte der Truppen auferlegte. — Als im Parlamente der lebhafte Widerstand der Amerikaner gegen diese Beschlüsse zur Sprache kam, mußten die Minister von vielen Seiten harte Vorwürfe wegen ihrer Nachgiebigkeit gegen Amerika hören; diese Stimmung gefiel dem Könige, der nur gezwungen die Rücknahme der Stempelbill sanktionirt hatte, ungemein; er löste Ende Juli 1767 das Ministerium auf und ließ unter dem Vorsitze des Herzogs von Grafton ein neues bilden; auch Pitt ward Mitglied des neuen, aus Tories und Whigs gemischten Ministeriums und seine Beredsamkeit glänzte im schönsten Lichte. — Es ging eine Parlamentsakte durch, welche gewisse Abgaben auf verschiedene Artikel, unter andern Thee bei der Einfuhr in Amerika bestimmte, es ward für jede Provinz Nord-Amerikas eine allgemeine Civilliste verordnet, Boston ward für den Sitz einer dauernden Zollverwaltung bestimmt; diese höchst unpopulären Plackereien, besonders aber die Parlamentsakte, daß neue Truppen nach Nord-Amerika gesendet werden und jeder des Hochverraths Schuldige nach England gebracht werden sollte, erhitzte die Gemüther der Amerikaner aufs Neue; — allgemein rüstete man sich zum Widerstand. Im Oktober 1767 zeigte sich bereits in Boston gewaltige Gährung; ein offener Aufstand brach indeß erst am 5. März des folgenden Jahres aus. Die Sturmglocke ertönte, das Volk stürzte sich auf das Zollhaus, zerstreute sich aber, als mehre Personen im Kampfe mit den Britischen Soldaten getödtet wurden. Bis zum Jahre 1773 fiel indeß nichts Besonderes weiter vor — Damals fand sich die Ostindische Kompagnie durch einen Vorrath von 17 Millionen Pfund Thee in Geldverlegenheit; diesem abzuhelfen ward ihr Erlaubniß ertheilt, Thee nach einem jeden Orte frei von Abgaben auszuführen, in Amerika indeß 3 Pence (ca. 6 Gr.) Eingangszoll für das Pfund zu entrichten. Ungeheure Ladungen Thee gingen nun nach den Colonien ab. Die Amerikaner faßten den Entschluß, den Thee nicht ausladen zu lassen und schreckten die Geschäftsträger ab, ihn anzunehmen. — Es war Capitain Hall, der mit der ersten Ladung Thee nach Boston kam; sofort rottete sich das Volk zusammen und zwang die Commissarien zur Flucht in das Fort William. Mehre bewaffnete Leute, als Mohawk Indianer verkleidet, gingen an Bord des Schiffs und warfen unter dem Schutze der versammelten Menge die ganze Ladung Thee ins Meer, 18000 Lstrl. an Werth. In Newyork und Philadelphia wagte Niemand, die angekommenen Ladungen in Empfang zu nehmen. — Als diese Nachricht 1774 nach England kam, beschloß das Parlament, den Hafen von Boston vom 1. Juni an ganz zu sperren, weil diese Stadt der Heerd aller Unruhen sei; 4 Kriegsschiffe vollzogen diese Maßregel und Boston, diese vorher so reiche und blühende Stadt bot bald das Bild totaler Zerstörung und Verzweiflung dar; aber unerschütterlich blieb die Seelengröße der Bostoner: wie die Einwohner von Saragossa und Numantia waren sie entschlossen, lieber unterzugehen, als ihre Freiheit aufzuopfern. Die übelwollende, nur für ihren Sold Gefühl habende Soldateska verhöhnte überdies ihre Leiden. General Gage hatte dort ein starkes Truppencorps versammelt und hielt die Aufregung im Zaum; er ließ die Landenge befestigen, um die Stadt vom Verkehr mit dem Lande abzuschneiden; Alles bewaffnete sich daselbst, so wie in den nahen Provinzen; man bemächtigte sich der Pulvervorräthe. In Massachusets wurden 12000 Milizen angeworben, welche man

Minute-Männer (Minute-men) nannte, d. h. Soldaten, die jeden Augenblick marschfertig sein mußten. In Newyork nahm das Volk 40 Kanonen. Mitten in dieser Aufregung versammelte sich der General-Kongreß in Philadelphia, auf welchem sich Abgeordnete von allen Provinzen einfanden. — Hierhin, wo das ganze Volk repräsentirt war, richteten sich alle Blicke, alle Stimmen einten sich in dem Einen Punkte, — Verwerfung der letzten Parlamentsakte. —

Mit Erstaunen wendete die ganze civilisirte Welt ihre Blicke auf die Amerikanischen Angelegenheiten, die in dem Einen Furcht, in dem Andern Hoffnung und Begeisterung erweckten. — Besonders groß war der Eindruck dieses Freiheitskampfes in Frankreich. Dort ließen die bereits damals in gar vielen Köpfen sich entwickelnden Freiheitsideen in dem glücklichen oder unglücklichen Ausgange jenes überseeischen Kampfes das Morgenroth oder den schon vor der Geburt erfolgten Untergang einer besseren Zukunft für das eigene Vaterland erblicken. —

Im Jahre 1775 war man allenthalben schlagfertig. In den Provinzen Neu-Englands, wo das Volk sehr religiös war, wirkten besonders die Prediger; sie bezeichneten die Sache der Amerikaner als die Sache des Himmels, ihr Ruf: „Gott will es" wirkte elektrisch auf die ganze Bevölkerung. — Im Englischen Parlamente, wo damals Lord North erster Minister war, wurden die Debatten sehr lebhaft. —

Es war am 6. Februar 1776, als dort der republikanisch gesinnte Wilkes in einer glänzenden Rede die Sache der Amerikaner in Schutz nahm. Ist, rief er tief bewegt, der jetzige Zustand Nord-Amerikas wirklich das, was man Rebellion nennt? Ist es nicht vielmehr ein gerechter und gesetzlicher Widerstand gegen diese willkürlichen Akten, die die Verfassung verletzen, die Freiheit und das Eigenthum gefährden? Wisset, daß man einen mit Erfolg gekrönten Widerstand Revolution nennt, nicht Rebellion; das Wort Rebellion ist auf dem Rücken des Aufrührers geschrieben, der flieht; das Wort Revolution dagegen glänzt auf der Brust des siegreichen Kriegers. Wer will uns versichern, daß die Amerikaner, wenn sie einmal den Degen gezogen haben, die Scheide, nach unserem Beispiele, nicht weit wegwerfen? Wer weiß, ob sie nicht eines Tags die Revolution von 1775 feiern werden, wie wir die von 1682 feiern? Hätte der Himmel nicht das heldenmüthige Unternehmen unserer Väter, ihre Freiheit zu wahren, begünstigt und zu einem glücklichen Ausgange geführt, hätte ihr edles Blut das Schaffot gefärbt, statt des Bluts der Schottischen Verräther und Rebellen, so würde man dieses für den Englischen Namen so ehrenwerthe Ereigniß als einen Aufstand gegen die legitime Autorität des Fürsten behandeln, weit entfernt, dasselbe als einen durch göttliches und menschliches Recht genehmigten Widerstand, und als die Vertreibung eines verwünschten Tyrannen, zu loben und zu erheben. —

Aber das Parlament beharrte in seinen strengen Maßregeln gegen Amerika und fügte noch schärfere hinzu.

Im Congresse zu Philadelphia war der Beschluß gefaßt, alle Ausfuhr nach Großbritannien und Westindien einzustellen und alle Einfuhr von dort aufhören zu lassen; für ein Heer von 15000 Mann war die nothwendige Munition dekretirt. — Boston bot mittlerweile das Bild eines Gefängnisses dar, die Einwohner waren nichts als Geißeln in der Hand der Englischen Generale. Hell auf flammte die Fackel des Bürgerkrieges, die Einwohner in den Provinzen rüsteten sich zum Angriff; bei Lexington kam es am 19. April zu scharfen Gefechten mit den von General Gage dahingesandten Truppen. Mit den Worten: „o, welch' ein glücklicher Morgen!" begrüßte der bekannte Patriot Adams in den ersten Flintenschüssen die Morgenröthe einer freien Zukunft für sein Vaterland.

Die Briten mußten sich nach einem empfindlichen Verluste eiligst nach Boston zurückziehen, unter deren Mauern bald eine Armee von 30,000 Mann unter dem Befehl von John Thomas versammelt war und jede Verbindung der Garnison mit dem Lande abschnitt. — Solch einen Widerstand hatten die Briten von den Yankees (ein irokesisches Wort, das feiger Kerl, Sklav, bedeutet), wie man zu Spott die Amerikaner nannte, nicht erwartet. — Wie ein elektrischer Schlag wirkte der Anstoß, den Massachussetbay bei Lexington gegeben hatte, durch alle Provinzen. — Die erste glänzende und wichtige Waffenthat vollzogen die Einwohner von Connecticut durch Eroberung der beiden am George See gelegenen Forts Ticondenago und Crown-Point, die Schlüssel von Canada; das große Wagstück gelang durch List und Muth; die Engländer mußten die Waffen strecken, 160 Kanonen und große Vorräthe fielen den siegestrunkenen Amerikanern in die Hände. Hier entwickelte der Oberst Arnold, ein Mann von ungewöhnlicher Entschlossenheit und Geistesstärke, der sich nachher als General so berühmt und berüchtigt gemacht hat, sein großes Talent, er bemächtigte sich auch gleich darauf als Befehlshaber eines rasch dazu ausgerüsteten Schooners einer auf der See stationirten Engl. Kriegscorvette. —

Vor Boston ging es nicht so günstig, es fehlte der Belagerungsarmee sehr an Geschütz und Munition, so wie an erfahrenen Führern, und die Soldaten waren zu einem geordneten Angriffe noch nicht geeignet. Es ward hartnäckig mit abwechselndem Glücke gekämpft. In der Stadt fehlte es bald an Lebensmitteln, wodurch der Stadthalter sich genöthigt sah, den unbemittelten Theil der

Bevölkerung ziehen zu lassen; besonders schaffte er alle Blattern=
Kranke fort, um diese in Amerika so furchtbar wüthende Pest
unter den Belagerern zu verbreiten, was ihm leider auch gelang.
Ende Mai kamen aus England bedeutende Verstärkungen unter
den Generälen Howe, Clinton und Bourgoyne in Boston an.
Am 17. Juni ward ein bedeutender Ausfall gemacht, mit Löwenmuth
vertheidigten die Amerikaner die angelegten Reduten, mußten indeß aus
Mangel an Munition der Britischen Taktik weichen, wobei sie
auch vom Feuer der Kriegsschiffe zu leiden hatten. Tief betrauerte
man an diesem Tage den Verlust des als Staatsmann,
Redner und Mensch so hochgeachteten Dr. Warren, dem ein General=
Commando übertragen war; heldenmüthig kämpfend, ward er von
einer Britischen Kugel durchbohrt. —

Der Generalcongreß zu Philadelphia fühlte lebhaft das Be=
dürfniß eines Obergenerals; Alles berücksichtigend fiel die Wahl
am 15. Juni einstimmig auf George Washington, der nachher
so unsterblichen Ruhm erwarb, dessen Name noch von der spätesten
Nachwelt bewundernd genannt werden wird. Er war am 22.
Febr. 1732 zu Bridges Creek in Virginien geboren, wurde im
Mai 1787 einstimmig zum Präsidenten der Vereinigten Staaten
erwählt und starb den 14. December 1799 zu Mount Verron.
— Sein erstes Geschäft als Generalissimus war, daß er sich nach
dem Bostoner Lager begab, und mit Hülfe der ihm zur Seite
gegebenen trefflichen Generäle Ward, Lee, Schuyler und Gates
die Armee, welche er an Allem leidend, beinahe der Auflösung nahe
fand, neu organisirte. —

Der Congreß ließ alle waffenfähige Mannschaft von 16—50
Jahren in regelmäßige Kompagnien formiren, rasch Pulverfabriken
und Kanonengießereien errichten. Pensylvanien zeichnete sich be=
sonders durch seinen Eifer aus und lieferte durch Aufgebot
70,000 Mann. Am meisten Aufsehen erregte die Compagnie
der Greise; es waren dieses Deutsche Flüchtlinge, lauter betagte
Leute, die in Europa Kriegsdienste gethan hatten. — Der Aelteste,
fast 100 Jahre alt, wurde zum Capitain erwählt. Amerika's
Frauen blieben bei der allgemeinen Begeisterung nicht unthätig
und brachten der heiligen Sache herrliche Opfer. Benjamin Franklin
ward zur Erleichterung der Communication zwischen den ein=
zelnen Provinzen zum General = Postmeister ernannt. Die sehr
schwierige Aufgabe, dem Staate Geld zu verschaffen, ward durch
Benutzung des öffentlichen Credits gelöst, indem für 3 Millionen
Spanische Piaster=Scheine ausgegeben wurden. Man suchte die
furchtbaren Indianer neutral zu erhalten und die Meinung der
Völker Europas durch eine energische Proklamation zu gewinnen;
auch an den König von England richtete der Congreß eine Adresse,
Beschwerden und Wünsche enthaltend.

Im Herbste des Jahres 1775 ward in Virginien lebhaft gegen den dortigen Statthalter Lord Dunmore gekämpft, dieser bemächtigte sich mit Hülfe der zum Aufstande gegen ihn herangereizten Neger der blühenden Stadt Norfolk, ward aber bald von einem Amerikanischen Detachement von 1000 Mann so stark bedrängt, daß er am 1. Januar 1776 Norfolk verbrannte und eiligst auf seine Schiffe floh. In Süd= und Nord=Carolina wurden die Statthalter Campbell und Martin verdrängt, nachdem sie vergebens auf Hülfstruppen harrend, sich kurze Zeit vertheidigt hatten, dabei gelang es den Amerikanern, ein Englisches Schiff mit 1500 Centnern Pulver zu erobern.

Die wichtigste Begebenheit des Jahres 1775 war indeß der Einfall des Generals Schuyler in Canada, wohin er von Washington mit einem Corps von 3000 Mann hauptsächlich zur Eroberung Quebecs gesandt war. Sie wurden von den Canadiern mit offenen Armen empfangen.

Während man das Fort St. John belagerte, suchte sich der Obrist von Alten der Stadt Montreal zu bemächtigen, ward aber von überlegener Britischer Macht umzingelt und mußte sich nach tapferm Widerstand ergeben; er wurde in Ketten nach England gesandt. — Canadas Statthalter Carleton, bemüht St. John zu entsetzen, ward mit bedeutendem Verluste zurückgewiesen; mit Mühe entkam er fliehend des Nachts nach Quebec. Nachdem St John mit einer Besatzung von 800 Mann und bedeutenden Vorräthen am 3. Novbr. capitulirt hatte, fiel auch Montreal in die Hände der Amerikaner. — Quebec ward belagert. Bei einer entsetzlichen Kälte und einem fürchterlichen Schneegestöber ward am letzten Tage des Jahres ein Sturm auf Quebec gewagt, der aber sehr unglücklich ausfiel; es ward furchtbar gekämpft. Als aber der wackere Montgommery und mehrere tapfere Officiere durch Kartätschenkugeln niedergeschmettert wurden, als der kühne Arnold an dem Schenkel verwundet, weggetragen werden mußte, als Captain Morgan, der so heldenmüthig eine Englische Batterie erstürmte, bei dem Sturm der zweiten Batterie verwundet und gefangen ward, da wichen die Soldaten, ihrer besten Führer beraubt. Allen Schrecken des Winters trotzend, blieb Arnold in Canada.

Die Verlegenheit des Englischen Ministeriums ward immer größer, trotz seiner sehr günstigen Bedingungen, in England Truppen gegen Amerika anzuwerben, blieb der Versuch ohne Erfolg, Rußland, Holland und andere Europäische Staaten weigerten sich ebenfalls, das Blut ihrer Söhne für die Amerikanische Sache fließen zu lassen — nur Deutsche Fürsten, bitter sei es geklagt, konnten für ihren Hofstaat und ihre Maitressen Geld gebrauchen, besonders waren Hessen und Braunschweig zum Menschenverkaufen an England bereit; die Englischen Minister gaben darüber in* Parlamente ihre Freude zu erkennen, weil sie auf diese Weise Truppen in Sold bekämen, welche von den leidigen Freiheitsideen nicht angesteckt wären, sie trugen darauf an, 25,000 Mann Englischer und 20,000 Mann Deutscher Truppen nach Amerika einschiffen zu dürfen, gegen letztere eiferten die Oppositionen mit allen Waffen der Beredsamkeit; ein Mitglied des Unterhauses nannte jene Deutschen Fürsten „**die fürstlichen Schlächter Deutschlands.**" Pitt sagte: „Ein großes und trauriges Beispiel jenes Schacherhandels der mit jedem armseligen Fürsten Deutschlands getrieben wird, um seine Unterthanen für die Fleischbänke eines **fremden** Landes zu kaufen." Alles blieb fruchtlos, den Ministern wurde Alles bewilligt, auch die Bill, allen Verkehr mit den insurgirten 13 Provinzen abzubrechen, alles Amerikanische Eigenthum für gute Prise zu erklären ꝛc.

Der Anfang des Jahres 1776 war für die Amerikaner durch den Erfolg ihrer Waffen sehr günstig. Washington, vor Begierde brennend, einen entscheidenden Streich auszuführen, beschloß Boston zu erobern. Nach einer furchtbaren Kanonade am 2. März setzte er sich auf der Halbinsel Dorchester fest und errichtete dort zwei Forts, um den Engländern das Entkommen zur See abzuschneiden. Lord Howe, der in Boston commandirte, sah sich am 15. März genöthigt zu capituliren; die Stadt zu schonen, bewilligte Washington ihm freien Abzug; am 17. März war Alles am Bord; sofort hielt Washington unter klingendem Spiel seinen Einzug in Boston und ward von den Einwohnern jubelnd als Befreier begrüßt.

Der Englische General Clinton wollte nach dem Wunsche des Englischen Ministeriums Süd-Carolina wieder erobern. — Am 28 Juni griff er mit gewaltiger Macht, unterstützt vom Admiral Parker, mit 2 Linienschiffen, 5 Fregatten und 2 Bombenschiffen die Stadt und Festung Charlestown an; aber alle Angriffe scheiterten an der hartnäckigen Vertheidigung der Amerikaner, deren Feuer aus Kanonen von großem Kaliber von der starkbefestigten Insel Sullivan den Briten großen Schaden beifügte, eine ihrer Fregatten ward vom Feuer verzehrt, die beiden Linienschiffe wurden so zugerichtet, daß sie nur noch wie Wracks auf dem Wasser schwammen, mehrere hohe Officiere wurden getödtet. Auch spätere Versuche der Engländer, eine Landung zu bewirken, mißlangen und staunend über die Tapferkeit und Todesverachtung der Amerikaner, gingen sie am 21. Juli nach Newyork unter Segel.

Die glücklichen militärischen Erfolge waren ein mächtiger Hebel für die bisher noch schwankend gewesenen Gemüther und förderten den Entschluß, sich von England frei zu machen. Es war am 4. Juli 1776 als die 13 vereinigten Kolonien alle ihre Bande mit der Britischen Krone löf'ten und sich unter dem

Namen „der 13 Vereinigten Staaten Amerikas" für unabhängig und frei erklärten. Dieser hochwichtige Beschluß wurde durch ein feierliches Manifest der Welt zur Beurtheilung vorgelegt.

In der andern Hälfte des Jahres 1776 erlitten die Amerikaner bedeutende Unfälle; der Englische General Howe, von Boston und Clinton von der fehlgeschlagenen Expedition nach dem Süden rückkehrend, landeten bei Newyork. Der dort versammelten Britisch-Deutschen Macht von 35000 trefflich organisirten Truppen konnte Washington kaum 9000 Mann reguläre Truppen entgegenstellen. — Nach der sehr unglücklichen Schlacht bei Brocklyn, worin die Amerikaner 3000 Mann an Todte, Verwundete und Gefangene verloren, kam Newyork in die Hände der Engländer. — Am 15. Novbr. mußte sich das vor Hudson gelegene Fort Washington mit einer Besatzung von 2600 Mann nach lebhafter Vertheidigung dem Hessischen General Knyphausen ergeben, bei der muthigen Erstürmung einer Anhöhe verloren die Hessen viele Leute. Der Amerikanischen Armee drohte nach diesen Unfällen eine völlige Auflösung, der Obergeneral hatte kaum noch 3000 Mann zusammen, welche er nur mit der größten Energie im Zaume halten konnte; aber Washingtons Muth und Beharrlichkeit stiegen zu fast übernatürlichen Höhe; er zog sich nach dem Delaware zurück, um Philadelphia zu decken, nachdem er von dort Hülfstruppen der Bürgerarmee, erhalten hatte. — Mittlerweile hatten in Canada die Generäle Arnold, Schuyler und Gates, welche noch eine Mannschaft von 8—9000 Mann zusammen hatten, viele Kämpfe zu bestehen, mußten indeß vor der überlegenen Britischen Macht weichen, mehrere Forts gingen verloren.

Amerika schien dem Untergange nahe zu sein, zumal im Süden die Indianer, von den Engländern durch Geld und Versprechungen gereizt, einen Einfall machten; der finanzielle Zustand ward kläglich und der Werth der Kreditscheine sank von Tag zu Tag.

In Mitte dieser drohenden Gefahren wurde am 4. Octbr. in Philadelhia der durch ein Comite ausgearbeitete Entwurf einer Verfassung für die 13 Provinzen angenommen. — Fremde Hülfe schien aber durchaus nothwendig; mit Sehnsucht und Vertrauen blickten alle Augen nach Frankreich, von wo bereits angesehene Männer in die Dienste Amerikas getreten. Franklin ward nach Paris gesendet, wo der edle, 70jährige Greis mit seinen Silberhaaren allgemeine Theilnahme erweckte.

In den Weihnachtstagen 1776 vollzog Washington mit seinem kaum 5000 Mann starken Heere einen kühnen, ewig denkwürdigen Streich; mit dieser Handvoll Leute setzte er über den Delaware und überfiel unversehens die Britisch-Deutsche Armee; rasch und kühn versperrte er den 3 Hessischen Regimentern Rall,

Anspach und Knyphausen den Weg und führte sie als Gefangene nach Philadelphia, wo er sie durch die Straßen führen ließ, um dem Schrecken vor diesen Deutschen Söldlingen, welche wegen ihren rohen Ausschweifungen, ihrer Gier nach Plünderung und Zerstörung so verhaßt waren, ein Ziel zu setzen.

Während beide Heere dem Winter über ruhig einander gegenüber standen, ließ Washington allen Soldaten die Blattern einimpfen. — Im Juni und Juli erlitten die Amerikaner in Canada bedeutende Unfälle; sie mußten sich mit einem Verluste von 120 Kanonen, mehreren Schiffen und großen Vorräthen von Munition und Lebensmitteln zurückziehen, die wilden Indianer thaten ihnen dabei vielen Schaden; der August war glücklicher für sie, bei Bennington wurde der Braunschweigische Obrist Baum total geschlagen und verlor dabei 700 Mann an Gefangene, auch bei Stanwik erhielt ein Britisch Corps eine empfindliche Schlappe und verlor viele Kanonen und seinen Capitain.

Der Muth der Amerikaner wurde wunderbar belebt. — Als die Erndte vollendet war, griff wieder Alles zu den Waffen. Nach der blutigen, aber unentschiedenen Schlacht am 19. Sept. bei Still Water zwischen den Nordamerikanern unter General Gates und den Britischen unter General Bourgogne sah sich letzterer, aus Mangel an Lebensmitteln und da die Indianer ihn verlassen hatten, genöthigt, sich nach der Gegend von Saratoga zurückzuziehen, besonders nach einem neuen unglücklichen Gefechte, wobei der brave Englische General Frayer und der tapfere Braunschweigische Obrist Breymann getödtet wurden; Amerikanischer Seite war Arnold der Held des Tages, seine Verwundung hemmte indeß die Forschritte seiner siegenden Truppen.

Bourgogne mußte am 10. Ocbr. Saratoga räumen, Gates der ihm stets auf den Fersen war, hatte indeß bereits die nahen Höhen durch Republikaner besetzen lassen; von Stunde zu Stunde ward die Lage der Engländer kritischer, ihre Noth wachsend, da sie sich abgeschnitten sahen und nur noch auf 3 Tage Lebensmittel hatten. Als Gates am 17. Octbr. früh Morgens seine Armee in Schlachtordnung aufgestellt hatte, verlangte Bourgogne zu kapituliren; die Bedingungen waren ehrenvoll, er durfte seine Armee mit den Waffen unter klingendem Spiel ausziehen lassen. Am Flusse Hudson wurden die Waffen und alles Kriegsgeräthe niedergelegt, dann die 6000 Mann, welche capitulirt hatten, nach Boston geschickt, um dort unter der Bedingung, während des gegenwärtigen Krieges nicht mehr gegen Amerika zu dienen, nach England eingeschifft zu werden, 42 Kanonen fielen den Siegern in die Hände; die Gefangenen wurden milde, Bourgogne, überall mit Auszeichnung behandelt.

Ungemein war der Jubel des Kongresses, als der Obrist Willkinson, von Gates mit der freudigen Botschaft abgesandt in den Saal trat mit den Worten: „Die ganze Britische Armee unter „Bourgogne hat bei Saratoga die Waffen gestreckt, die unsrige, „voll Muth und Kühnheit, erwartet Eure Befehle: Eurer „Weisheit liegt es ob, zu entscheiden, wo das Vaterland ihrer „weiteren Dienste bedarf."

Von Newyork aus machte der General Clinton eine Diversion den Hudsonfluß hinauf nach Albany und entriß den Amerikanern die beiden Forts Montgommery und Clinton; die Feindseligkeiten in den Nordprovinzen endeten indeß bald; desto mehr entbrannte die Kriegsfackel in Pensylvanien, wo Washington eifrigst bemüht war, Philadelphia zu schirmen, zu dessen Eroberung Lord Howe von Newyork aus unter Segel gegangen war. Mitlerweile hatte die Kriegsgöttin zu Schirm und Stütze der hart bedrängten Freiheit Helden über das Meer geführt, die sich in Amerika an die blutigen Scenen eines Bürgerkrieges gewöhnen sollten, um bald in ihrem eigenen Vaterlande eine schrecklichere Furie zu erleben und in ihren wilden Ausbrüchen nach Kräften zu dämpfen. Je unentschlossener und selbstsüchtiger sich das Kabinet von Versailles in den Unterhandlungen mit den Amerikanischen Agenten betrug, desto edler war die Aufopferung einiger Söhne Frankreichs, den bedrängten Amerikanern zur Hülfe zu eilen. — Unter diesen zeichnete sich vor allem der reiche, angesehene 19jährige Marquis von Lafayette aus. Er reißt sich aus den Armen seiner jungen, liebenswürdigen Gattin und durchschifft, trotz des Verbots seines Hofes, mit einem selbst ausgerüsteten Schiffe, den Ocean und landete im Anfange des Jahres 1777 zu Charlestown, von welchem Zeitpunkt jene Reihe tapferer und glänzender Thaten beginnt, die nur durch Handlungen der Wohlthätigkeit und des Friedens unterbrochen wurden.

Obgleich ihn der Kongreß zu dem Range eines General-Majors erhoben, trat er — ohne Sold — seine Dienste nur in der Eigenschaft eines Freiwilligen an. Eine edle Sympathie knüpfte bald zwischen ihn und Washington jenen Freundschaftsbund der Helden, der nicht sowohl auf die Aehnlichkeit der Charaktere, als auf dem Drang nach Tugenden beruht, die sich bis zum Tode Beider stets gleich blieb. Der alte Amerikaner umschloß mit väterlicher Zärtlichkeit den jungen Franzosen und dieser fand sein Herz so bereit zu aller Hochachtung und dem Vertrauen der kindlichen Liebe.

Auch andere Französische Offiziere, zum Theil aus sehr hohen Familien folgten Lafayettes Beispiel und leisteten besonders bei der Artillerie und durch ihre taktischen Kenntnisse den Amerikanern große Dienste.

Nach der für Washington unglücklichen Schlacht bei Brandywine, am 11. Septbr., in welcher Lafayette so muthig kämpfte und zweimal verwundet ward und worin der Polnische Graf Palawski Wunder der Tapferkeit verrichtete, nahm Lord Cornwallis Besitz von Philadelphia; der Kongreß hatte sich zeitig mit seinen Archiven und den Magazinen nach Lancaster begeben. Washington nahm eine drohende Stellung am Schuylkill ein und hatte die Insel Mad stark befestigt.

Ein Sturm der Hessen unter Obrist Donop auf das Castell Red-Bank, am 21. Octbr., wurde von den Amerikanern muthig zurückgeschlagen, die Hessen verloren 400 Mann, Donop wurde tödlich verwundet und gefangen.

Während des Winters 1777 auf 1778 litt das ungemein reducirte Amerikanische Heer an allem Nöthigen großen Mangel, die Truppen waren in Lumpen gehüllt, oft dem Hungertode nahe, nicht einmal Stroh war vorhanden, die nackte Erde zu bedecken, dabei wüthete der Tod in den überfüllten und mit nichts versehenen Hospitälern auf schreckliche Weise; den Offizieren ging es nicht besser und 200 reichten ihre Entlassung ein. Washington hatte mit Kabalen und Intriguen aller Art zu kämpfen. Unterdessen schwelgten die Engländer, ohne von dem traurigen Zustande der Amerikanischen Armee Nutzen zu ziehen, in Philadelphia, wie einst die Carthager in Capua, wodurch sie besonders den Quäkern ein ärgerlicher Stein des Anstoßes wurden.

Franklins fortgesetzten Bemühungen in Paris gelang es endlich, das Kabinet für Amerika zu gewinnen, zumal Frankreich an einen Krieg mit England dachte. Die Französischen Minister entschlossen sich, die Unabhängigkeit Nord-Amerikas anzuerkennen; am 16. Decbr. 1777 wurden die Präliminarien eines Bündnisses stipulirt. Ludwig XVI. empfing die Amerikanischen Gesandten mit eben der Feierlichkeit wie die Botschafter anderer souveränen Mächte, derselbe König, der damals die Souveränität eines fremden Volkes anerkannte, wollte sie nachher seiner eigenen Nation nicht zugestehen und mußte diese Schuld mit seinem Kopfe bezahlen.

Wie durch Zauber wurden plötzlich in Brest und Toulon 2 furchtbare Flotten ausgerüstet, wovon erstere sobald als möglich nach dem Delaware segeln sollte, dort die Englischen Schiffe zu nehmen und Clinton aus Philadelphia zu vertreiben. Am 13. April segelte sie unter den Befehlen des Grafen Estaing ab. Als am 2. Mai Simon Deane den Allianzvertrag mit Frankreich überbrachte, überließ man sich in Amerika den lautesten Regungen der Freude. —

Clinton aus Furcht von der Französischen Flotte eingeschlossen zu werden, räumte Philadelphia und maschierte nach Newyork, wo er glücklich ankam; Washington war ihm nachgefolgt und hatte ihm auch bei Freedhold eine Schlappe beigebracht. Einige

Tage später kam Graf Estaing auf dem Delaware au; sehr bedauernd, die Engländer nicht mehr zu finden, ging er sogleich nach dem Hudson unter Segel. Fürchtend, die Newyorker Bay sei für Schiffe von hohem Bord an einigen Stellen nicht tief genug, begab er sich nach Rhode=Island, um gemeinschaftlich mit den Amerikanern die Stadt Newyork zu erobern; die Engländer sahen sich genöthigt, mehere Fregatten zu verbrennen. Der 9. August war zur Berennung Newyorks verabredet, als Howes Flotte signalisirt ward. Graf Estaing stäg sofort in See, eine Schlacht zu liefern; schon standen beide Flotten kampfbegierig einander gegenüber, als sie beide durch einen furchtbaren Sturm zerstreut wurden. Ihre Schiffe auszubessern gingen die Franzosen nach Boston, die Engländer nach Sandy Hook (Bey von Newyork.)

Gegen die Franzosen zeigten die Amerikaner bald große Unzufriedenheit und Erbitterung, indem sie so lange Zeit, ohne Zweifel nach der Vorschrift des Hofes in Versailles, unthätig blieben.

Von den furchtbaren Gräuelthaten, woran der Nordamerikanische Krieg so reich ist; gehört die folgende Thatsache wegen der großen Menge von benennenswerthen Opfern einer barbarischen Wuth, zu den tragischsten Begebenheiten, welche die Geschichte kennt. —

Auf dem östlichen Ufer des Susquehanna (erzählt Elsner), in einer reizenden und fruchtbaren Gegend, hatte sich eine Kolonie angesiedelt, diesern von der Welt und ihren, der körperlichen und geistigen Gesundheit gleich schädlichen Genüssen, sich eines blühenden Wohlstandes erfreute. Thätigkeit und Genügsamkeit waren die hervorstechenden Züge in dem Charakter der Einwohner, wozu sich Wohlwollen und Gastlichkeit in hohem Grade gesellten; es herrschte hier das goldene Zeitalter, wie es uns die begeisterten Sänger der alten Zeit mit frischen Farben schilderten, das Eldorado, das die glühende Phantasie des Spaniers als Gegenstand einer heißen Sehnsucht ins Leben zaubert. — Aber wo ist das Herz, das nicht beim Erwachen der Freiheit, wie die ägyptische Mammonssäule beim Aufgang der Sonne, erbebt? Und so war denn auch in dieses stille Thal, das bisher den Welthändeln fremd geblieben war, die Kunde gedrungen, vom großen Kampfe der Amerikaner um die Rechte der Menschen, um die Freiheit des Bürgers. — Rasch folgte die kräftige Jugend Wiomings, so hieß die Kolonie, dem heiligen Rufe, und stellte sich, ca. **1000** Mann stark, sehr bedeutend für den kleinen Staat, unter die Fahnen der Republikaner. Mit diesem Augenblicke waren Eintracht und Friede, die bisher alle Mitglieder der Kolonie mit goldenem Bande umschlungen hatten, aus derselben gewichen, und die Flamme der Zwietracht hatte, weil unverdorbene Gemüther in ihrem Hasse wie in ihrer Liebe gleich stark sind, grade diejenigen, welche sich eben noch als Glieder einer Familie bei dem gemeinschaftlichen Heerde versammelt hatten, in furchtbarer Erbitterung und Wuth von einander getrennt, und selbst die Bande der Ehe gelös't.

Die Torys, der schwächere Theil, mußten manche Kränkung erfahren; sie dürsteten nach blutiger Rache und traten zur Befriedigung ihres Hasses, in geheime Unterhandlung mit den benachbarten Indianern, die durch zwei Ungeheuer, einen Obrist Butler und einen gewissen Brandt, neben ihrer natürlichen Grausamkeit methodisch in Handlungen, vor denen jedes menschliche Gefühl zurückschaudert, unterwiesen wurden. — Solche Führer an der Spitze, erschien ein Haufe von 1600 Menschen, die übrigens blos zum 4. Theil aus Indianern, sonst aus lauter Torys bestanden, die sich in Wilde umgekleidet hatten, in der Mitte des Juli 1778 in der Nähe von Wioming. Die Kolonisten hatten gegen einen plötzlichen Ueberfall 4 Kastelle erbaut, die etwa durch 500 Mann vertheidigt wurden. — Als 3 derselben von wilden Horden eingenommen wurden, drängte sich die gesammte Einwohnerschaft in das Hauptfort zusammen, von Sebulon Butler, ein Vetter des erwähnten, kommandirt. Er ließ sich wegen vorgespielter Unterhandlung aus dem Fort locken, da die Barbaren keinen Angriff wagen mochten, und nahm 400 Mann zur Begleitung mit. — Keine Spur von Unterhändlern findend, wagte er sich zu weit vor. Plötzlich stürmen die Verräther von allen Seiten auf die Unglücklichen ein, die sich jedoch bald fassen, um die wilden Gegner sich vom Halse zu schaffen, und nahe daran sind, siegreich den Kampf zu bestehen, als plötzlich einer von Sebulons Leuten ruft: „Zurück, der Obrist hat den Rückzug befohlen!" Sogleich lösen sich die Reihen der Amerikaner und die Wilden richteten ein entsetzliches Blutbad an: die Torys sind so außer sich vor Wuth, daß sie ihre Gefangenen mit den Nägeln zerfleischen.

Bald mußte sich nun auch das Fort ergeben, Männer, Weiber, Kinder, Greise werden in die Häuser geschleppt, diese angezündet und die Sieger jubeln beim Angstgeschrei der Unglücklichen. — Der Capitain Bedlock wird an dem ganzen Körper mit Nägeln von Tannenholz gespickt und am langsamen Feuer gebraten. Ein Sohn stürzt seinen Vater in die Flammen, ein Vater schlachtet seine ganze Familie. Was sich retten konnte, fand größtentheils in den Wäldern aus Mangel an Nahrung oder als Beute der wilden Thiere einen nicht weniger kläglichen Tod. Nachdem die Unmenschen zerstört hatten, was zerstört werden konnte, zogen sie sich zurück.

Die Nachricht dieser Gräuelthaten erregte überall Schauder und man schwor den Barbaren blutige Rache. — Zuerst ward Obrist Clarke und später mit einem großen Corps der General

Sullivan dazu abgeschickt; dieser drang in das Herz des Landes der Indianer, welche geführt von dem erwähnten Butler und Brandt und unterstützt von 250 Loyalisten (treue Anhänger der königlichen Sache) sich zwar hartnäckig vertheidigten, aber nicht widerstehen konnten; sie flohen mit großem Verlust in Verwirrung; ihr Eigenthum ward allenthalben zerstört, 40 Ortschaften von unterst zu oberst gekehrt, 160,000 Malter Korn verbrannt.

Gegen Ende des Jahres 1778 begab sich Lafayette nach Frankreich zurück, um dem Könige bei dem in Europa ausbrechenden Kriege zu dienen und das Interesse Amerikas nach Kräften zu fördern. Um diese Zeit, nachdem der Französische Admiral Estaing mit seiner Flotte nach Westindien geschickt war, dort die Engländer zu bekämpfen und ihre Besitzungen zu erobern, ward von Newyork aus, unter Obrist Campbell und Admiral Parker eine Expedition nach der südlichsten Provinz von Nord-Amerika, nach Georgien gemacht, welche sehr erfolgreich war. Savannah mit vielen im Flusse stationirten Schiffen, vieler Munition, ungeheuren Proviantvorräthen und eine Menge Gefangenen sehr blutiger Gefechte fielen den Briten in die Hände. Dort wie fast überall überboten Engländer und Deutsche einander in Gräueln aller Art; was sie vorfanden, wurde der Entehrung, Zerstörung oder Plünderung preisgegeben, 4000 Neger, welche man den Pflanzern weggenommen und freigelassen hatte, halfen ihnen furchtbar bei dem schändlichen Geschäfte. — Ein Schrei des Unwillens erfüllte Europa bei der Kunde dieser Barbarei.

Als um die Zeit Lord Clinton durch General Wayne bei Stoney Point am Hudson eine Niederlage erlitt, wobei sich der Französische Marquis von Fleury mit Ruhm bedeckte, enthielten sich die siegenden Amerikaner jeder Unordnung und die Tapferkeit krönte sich mit den Lorbeeren der Humanität. — Frankreichs allerchristlicher König hatte für gut gefunden, den Graf von Estaing aus Westindien zurückzurufen, allein dieser, der Stimme des durch seine vergeblichen Landungen in Nord-Amerika beleidigten Ehrgeizes und den Anforderungen der Humanität folgend, wagte es ungehorsam zu sein und erschien plötzlich am 1. Sept. an den Küsten von Georgien, wo ihm sogleich einige Englische Fregatten in die Hände fielen; er landete bei Savannah und ließ den dortigen Kommandanten Prevort zur Uebergabe auffordern, dann, nach erfolgter abschläglicher Antwort, die Stadt heftig bombardiren. Da selbes fruchtlos blieb, wagte er am 9. Octbr. einen Sturm, vereint mit einem Amerikanischen Corps unter Lincoln. Von beiden Seiten ward mit gleicher Tapferkeit, gleicher Erbitterung gefochten, Estaing und Lincoln selbst setzten sich dem furchtbarsten Feuer aus, beide wurden verwundet, die Stürmenden ermatten und werden von den Engländern zurückgetrieben, Palawsky, der tapfere Pole, sucht sie mit seinen letzten Reitern im Rücken zu fassen, muß aber, von einer Kugel tödlich getroffen, die Seinigen sich zurückziehen lassen. Blutroth schien an diesem Tage die Sonne und beleuchtete ein furchtbares Schlachtfeld, groß war der Verlust auf beiden Seiten; wenige Tage nachher starb der edle Pulawsky, noch im Tode ein Held. Als sein König seinen Tod erfuhr, rief er aus: „Pulawsky! immer brav, immer tapfer, aber immer ein Feind der Könige." Der Congreß ließ ihm ein Denkmal setzen. — Die Belagerung ward aufgehoben, und die Franzosen gingen unter Segel.

Mit dem Admiral Graf Estaing war auch im Jahre 1778 der berühmte Kosciuszko nach Amerika gekommen, der sich durch seine militärischen Talente, seine Tapferkeit und seinen Character auch hier so große Verdienste erwarb, so hohe Achtung genoß; vom Congresse zum Obristen ernannt, focht er besonders als Adjudant der verschiedenen Generälen bald im Süden bald im Norden.

Im Februar 1780 ging der Englische Feldherr Clinton nach Charlestown unter Segel, wo Lincoln comandirte. — Ende März ward die Stadt enger eingeschlossen, sie litt furchtbar durch die Belagerung und das heftige Bambardement; als alle Hoffnung auf Hilfe und Entsatz verschwunden war, sah Lincoln sich am 12. Mai genöthigt, zu capituliren. Clinton machte von hieraus weitere Streifzüge ins Innere der Provinz, übergab indeß bald darauf den Oberbefehl der Südarmee an Cornwallis und kehrte nach Newyork zurück, welche Stadt von Washington bedroht ward; Abermals begannen die Englischen Raubzüge in New-Yersey. Von der Stadt Conecticut-Farms blieb nichts übrig als ein Steinhaufen. — Eine junge Frau, deren Mann zu den feurigsten Anhängern des Aufstandes in der Provinz gehörte, gleich ausgezeichnet durch ihre Schönheit wie durch ihre Tugenden, erwartet im Vertrauen auf ihre Unschuld, von ihren Kindern umkreist, ruhig die Ankunft der Engländer; ein Soldat bemerkt sie; taub auf das Angstgeschrei der Kleinen, die ihm die zarten Arme entgegenstrecken, legt der Wüthrig mit dem größten Phlegma an und streckt die unglückliche Mutter todt zu Boden. Obgleich die auswärtige Politik für Amerika eine immer günstigere Gestalt gewonnen: so hatten sich doch die Republikaner überzeugt, daß ein Volk, das frei werden wollte, seine Emancipation nicht von den Versprechungen fremder Mächte zu erwarten habe; sie erwachten zu neuen Kraftanstrengungen, und legten, als wären sie zu Anfang ihrer Revolution, all das Ihrige auf dem Altare des Vaterlandes nieder. —

Unter solchen großherzigen Entschließungen erschien Lafayette wieder auf dem Kriegsschauplatze und überbrachte die frohe Botschaft, daß abermals eine französische Flotte mit mehren tausend

Mann Landungstruppen den Küsten nahe sei, verhehlte aber auch zugleich nicht, welches Vertrauen man in Europa auf die eigenen Kräfte der Vereinigten Staaten setze.

Mit unwiderstehlicher Gewalt wirkte diese Nachricht auf alle Gemüther; besonders gingen die Frauen Philadelphias, Washingtons edle Gemahlin an der Spitze, mit dem Beispiele der liebenswürdigsten Aufopferung voran, indem sie ihr Geschmeide und alles Gold, worüber sie verfügen konnten, zur Vermehrung und Solderhöhung der Armee zusammenschossen. — Von großer Wichtigkeit war die Errichtung einer öffentlichen Bank, in welche die reichsten und angesehensten Bürger Pensylvaniens große Summen gegen Obligationen legten, ohne für ihre Darlehen Zinsen oder andere Vortheile zu verlangen. — Mitten in dieser Zeit der Verwirrung hegte man in Boston ein solches Vertrauen zu der gerechten Sache, daß man am 4. Juli, als am Jahresfeste der Unabhängigkeitserklärung eine Akademie der Wissenschaften und Künste gründete.

Bald darauf erschien die sehnlichst erwartete Französische Flotte, bestehend aus 7 Linienschiffen und 6000 Mann Landungstruppen unter dem Befehle des Grafen Rochambeau, besetzte Newport und vertrieb die Engländer aus ganz Rhode-Island. Clinton mußte von seinem Plane, diese Provinz den Franzosen wieder zu entreißen, abstehen und sich eiligst mit seinen Truppen nach Newyork ziehn, welches Washington mit seinen 12000 Republikanern anzugreifen Anstalten machte.

Blutiger ging es in den Südprovinzen her, wo einzelne Partheigänger, besonders der Obrist Sumpter mit einem Corps der entschlossensten Caroliner die Engländer durch unglaubliche Kühnheit sehr beunruhigte. Es hatte sich aber auch ein regelmäßiges Heer von 6000 Mann gebildet, welchem Washington 1400 auserlesene Soldaten mit dem General Gates zu Hülfe sendete. Gates lieferte am 15. August bei Cambden in Südcarolina eine Schlacht, war aber seinem Gegner Cornwallis nicht gewachsen, machte einige unbegreifliche Fehler und mußte sich mit einem Verluste von 2000 Mann, während die Engländer nur 300 Todte und Verwundete hatten, in die nahen Wälder flüchten. Der brave Deutsche Baron Kalb fiel mit eilf Wunden bedeckt den Königlichen in die Hände, auch General Ruthenford ward gefangen. — Bald darauf ward das Corps des Obrist Sumpter durch des wüthenden Tarleton Dragoner fast ganz vernichtet. — Die heiße Jahreszeit und der Mangel an Magazinen erlaubte es dem Lord Cornwallis nicht, die Früchte seines Sieges nach Nord-Carolina und Virginien auszudehnen; er sandte nur den Major Fergusson dahin ab, den Muth der Loyalisten beider Provinzen aufrecht zu halten.

Unter diesen wechselnden Erfolgen des Krieges geschah mit Englischem Gelde der schändlichste Verrath, der den Amerikanern hätte leicht verderblich werden können. General Arnold, der sich durch seine Verwegenheit und Ausdauer so rühmlichst ausgezeichnet hatte, aber durch seine Wunden fast unfähig geworden war, weiter zu dienen, erhielt vom Congresse die ehrenvolle Belohnung der Commandantenstelle von Philadelphia. Sein unbändiger Stolz, der auf dem Schlachtfelde keine Befriedigung weiter fand, suchte Nahrung in dem übermäßigsten Aufwande, der ihn bald in einen Abgrund von Schulden stürzte, von denen er sich nicht anders frei zu machen wußte, als daß er dem Congresse Schuldforderungen vorlegte, die eines Wucherers würdiger waren als eines Generals. Eine Commission strich die Rechnungen zur Hälfte. Arnold, hierüber wüthend, schrie über schnöden Undank, und da seine Reklamationen nichts fruchteten, verkaufte er sich für eine bedeutende Summe Geldes an Lord Clinton, der ihm auch den Rang eines Generalmajors in der Britischen Armee zusicherte. Glücklicherweise scheitert sein Plan, das am Hudson gelegene Fort West Point, Amerikas Gibraltar, dessen Commandantenstelle er auf sein heuchlerisches Ersuchen erhalten hatte, den Engländern zu überliefern, indem der Unterhändler, Clintons Adjudant Major Andre in seinen Verkleidungen am 21. Septbr. Nachts von drei Amerikanischen Milizen als Spion angehalten wird; man findet bei ihm die Dokumente von Arnolds Verrätherei; dieser, zeitig gewarnt flieht zu den Engländern. — Alle Bemühungen und Drohungen Clintons, seinen Liebling zu retten, sind fruchtlos, Andre w,ard vor ein Kriegsgericht gestellt und am 2. October gehängt. — Arnold ward vom vollziehenden Rath zu Pensylvanien des Hochverraths für schuldig erklärt.

Mit der kühlern Jahrszeit im September begannen im Süden die Feindseligkeiten aufs Neue, Clinton hatte von Newyork aus unter dem grausamen General Leslie 3000 Mann zur Verstärkung hingesandt; die Lage der Engländer in und bei Charlestown ward indeß bald sehr kritisch, da die Republikaner sie immer mehr umschwärmten. — Obrist Fergusson mit seinen in Nord-Carolina zusammengebrachten Royalisten, ward von den Bergbewohnern, die, empört über seine Schandthaten, ihm Verderben geschworen hatten, mit überlegener Macht angegriffen, und fiel nach tapferer Gegenwehr. Sein Nachfolger capitulirte sogleich, nachdem die Königlichen **1100** Mann verloren hatten. Diese Affaire von Kings Mountain und eine Niederlage, die Tarleton durch den rastlosen Partheigänger Sumpter erlitten, ermuthigte die Amerikaner nicht genug. — Mit Leslies Corps verstärkt, beabsichtigte Cornwallis einen Einfall in Virginien, Arnold sollte ihm dort den Weg bahnen. Dieser lief in die Bai von Chesapeak ein und machte durch Verheerungen, deren sich ein Flibustier geschämt hätte, das Maß des Fluches voll, womit das Vaterland seinen Verrath gebrandmarkt hatte. Aber überall ertönte die Sturmglocke; man betrachtete es als Sache der Religion, den heiligen Boden des theuern Mutterlandes nicht durch die verbrecherischen Schritte eines Schurken entweihen zu lassen; er mußte sich nach Portsmouth zurückziehen. — Unterdessen hatte Gates den Commandostab dem General Greene übergeben müssen, welche Zurücksetzung er indeß als ein braver Patriot ertrug. — Tarleton, von Cornwallis gegen den Obrist Morgan geschickt, ward von diesem bei Cowpens aufs Haupt geschlagen, verlor 800 Mann, die Fahne des 7. Regiments, die Kriegskosten und alle Bagage. Cornwallis suchte diesen empfindlichen Verlust auszuwetzen, allein der gewandte Morgan entging ihm. Im März entschloß Greene sich, offensiv zu agiren, verlor indeß am 15. März bei Guilfort-Court-House in einer blutigen Schlacht 1300 Mann und mußte sich zurückziehen. Cornwallis konnte von seinem sehr theuer erkauften Siege wenig Früchte ernten und mußte sich ebenfalls zurückziehen, er kam am 7. April nach Wilmington, mit Sehnsucht darauf bedacht, seinem Könige Virginien zu erobern, nicht ahnend, daß sobald Virginien das Grab der Souveränität Großbritaniens über Nordamerika werden sollte. — Während England in den Jahren 1780 und 1781 alle seine Kräfte aufzubieten hatte, nicht allein wegen der Revolution Nordamerikas, sondern auch durch sehr blutige Kriege gegen Frankreich, Holland und Spanien, wodurch seine Finanzen immer mehr zerrüttet wurden, ward doch im Jahre 1781 die Lage der Amerikaner sehr bedenklich, ungeachtet ihnen in Süd-Carolina durch Greenes Tapferkeit eine neue Morgenröthe des Glücks angebrochen war. Fast schien es, als müsse der Congreß den Krieg aus Mangel an allen Hülfsmitteln beenden, da die Kreditscheine durch ihre stets wachsende Menge täglich an Werth verloren. - Sein Bevollmächtigter bemühte sich vergebens, in Europa Anleihen zu stipuliren; nur der König von Frankreich übermachte dem Congresse ein Geschenk von 6 Millionen Franken mit der Bedingung, selbe ausschließlich auf das Militär zu verwenden, der Congreß verlangte indeß, daß das Geld in den Staatsschatz fließen sollte. — Während man eifrigst bemüht war, durch Errichtung einer Nationalbank und durch eine Requisition von 8 Millionen Dollar, aus allen Provinzen, die Kosten des Krieges zu decken und den Truppen ihren rückständigen Sold zu zahlen, brachen bei der Hauptarmee beklagenswerthe Unruhen aus; die Pensylvanischen Truppen waren nicht länger zu halten und verließen das Lager, die Waffen niederlegend und eilten zu Hause. Es gelang Washington, einen ähnlichen Aufruhr in New-Jersey im Keime zu ersticken; in Folge seiner energischen

Vorstellungen ward ein Sold von 3 Monaten ertheilt, wodurch die Soldaten in den Stand gesetzt wurden, wenigstens ihre Blöße zu bedecken; sofort kehrte eine vollkommene Ruhe zurück. — Im Süden erlitt Greene durch Lord Rawdon, ein junger sehr talentvoller Mann, am 25. April eine Niederlage; bald darauf fielen indeß drei wichtige Forts den Amerikanern in die Hände. Das Castell Cornwallis bei Augusta übergab der Englische Obristlieutenant Brown erst nach sehr tapferer Gegenwehr. — Die Belagerung des sehr festen Forts Ninety=Six mußte Green aufheben, nachdem ein Sturm am 18. Juni, wobei sich der tapfere Koscinszko mit großem Ruhm bedeckte, abgeschlagen war. — Immer mehr gelang es dem Plane Greens, die Engländer in Charlestown einzuschließen.

Gegen Arnold, der mit seinen 1600 Mann in Virginien mit Feuer und Schwerdt wüthete, wurden von Washington Lafayette mit 1200 Mann leichter Infanterie abgeschickt. — Am Jamesflusse in Virginien war eine Verstärkung von 2000 Briten unter dem Commando des Generals Philipps angelangt, welcher Manchester verbrannte; Lafayette rettete die reiche Stadt Richmond von einem gleichen Loose. Philipps marschirte nach Petersburgh, sich dort, laut Abrede, mit Cornwallis zu vereinigen; kaum dort angekommen, ward er von einem heftigen Fieber hingerafft. Lafayette wurde durch Cornwallis hart gedrängt; dieser ließ durch Tarleton die Stadt Charlotteville überfallen, dem reiche Magazine und viele dort grade versammelte Notabeln der Provinz in die Hände fielen, der sich aber nicht wenig ärgerte, daß Thomas Jefferson ihm entwischte.

In seinem Berichte an das Englische Parlament schrieb Cornwallis hinsichtlich Lafayette, auf den er es vorzüglich abgesehen hatte: „das Kind sei so in der Klemme, daß es ihm gar nicht mehr entwischen könne"; aber das Kind entwischte ihm doch, und trug durch eine Reihe wohlberechneter und glücklicher Manöver nicht wenig zu dem glücklichen Ausgange des Feldzuges bei; — er vereinigte sich mit dem General Wayne. Cornwallis nahm eine feste Stellung in dem an dem rechten Ufer des York=Flusses liegenden Orte York=town und ließ die gegenüber am andern Ufer erbaute kleine Stadt Gloucester befestigen, dort die Ankunft durch ihre von England verheißene Hülfsflotte unter Admiral Rodney zu erwarten.

Washington glaubte durch irgend eine erfolgreiche That dem bedenklichen Zustande der Republik aufhelfen, den Muth und die Energie des Volks auffrischen zu müssen, wozu ihm aber die Mitwirkung einer Französischen Flotte nothwendig erschien. Er eilte daher nach Connecticut und hielt dort eine Unterredung mit dem Französischen General Graf von Barras, der von Frankreich abgesandt war, das Commando der Flotte von Rhode=Island zu übernehmen.

Man verabredete sich zu einem Versuche gegen Newyork; Washington näherte sich der Stadt am 21. Juni, vereint mit einem Französischen Corps unter dem Grafen von Rochambeau. Man fühlte sich indeß zu schwach gegen den weit überlegenen, fest verschanzten Feind; es wurden daher nur, denselben zu täuschen, einige Demonstrationen gemacht, besonders auch, damit von Newyork der Südarmee nicht weitere Hülfe zukomme. — Als Washington erfuhr, daß der Französische Admiral Grasse mit einer starken Kriegsflotte in der Chesapeak Anker geworfen hatte, sich indeß nicht lange an der Amerikanischen Küste aufhalten könne, durchzog er in Eilmärschen die Provinz Jersei und kam am 20. August in Philadelphia an, welches Clinton, eine Kriegslist zur Herauslockung aus seiner festen Stellung vermuthend, ruhig geschehen ließ. Die Republikaner setzten über den Delaware und sich mit den Franzosen in Verbindung. Admiral Grasse sandte 3000 Mann trefflicher Französischer Truppen den Jamesfluß hinauf, dem vom Cornwallis hart bedrängten Lafayette zu Hülfe. An demselben Tage, an welchem Grasse in der Chesapeakbay ein= gelaufen war, erschien vor derselben eine Englische Flotte von 14 Linienschiffen unter Admiral Hood, der aber, als er keine Fregatte auf der Station fand, nach Sandy Hook segelte, sich mit dem Geschwader Grave's zu vereinigen. Dieser ließ sogleich seine Schiffe ausbessern und stach zur Aufsuchung der Französischen Flotte in See. Als Grasse deren Ankunft vor der Bay erfuhr, ging er zur Annahme einer Schlacht in offene See, die Schlacht blieb unentschieden; beide Flotten nahmen ziemlichen Schaden und beobachteten hierauf einander ruhig einige Tage. Graves kehrte dann zur Ausbesserung seiner Schiffe nach Newyork zurück. Seine Entfernung ward schnell von Herrn v. Barras benutzt, der von Rhode=Island mit einem Geschwader, welches Belage= rungsgeräthe am Bord hatte, abgegangen war, in die Bay ein= zulaufen.

Nun ward die Vernichtung Cornwallis ohne Aufschub be= schlossen. Die Franzosen schickten ihre leichten Fahrzeuge dem James=Fluß hinauf und brachten so Washington mit seiner Armee zu Wasser von Anapolis nach Williamsburgh. — Der Lord sah sich bald mit seinen 7000 Engländern durch 20,000 Mann und 30 Kriegsschiffen eingeschlossen, benachrichtigte eilig den Obergeneral von der Gefahr und erhielt die Versicherung schleuniger Hülfe von Truppen und Schiffen.

Clinton ließ durch General Arnold eine Diversion gegen Connecticut unternehmen, welcher New=London nahm und ver= brannte, auch das Fort Griswold eroberte, dessen Garnison wegen

ihrer tapferen Vertheidigung fast ganz niedergesäbelt wurde.
Clinton hoffte durch diese Diversion Washington zurückzurufen,
allein dieser ließ sich nicht irre machen, sondern schloß den Corn=
wallis immer enger ein; am 9. October machten 100 Feuer=
schlünde schweren Calibers das Britische Geschütz verstummen und
warfen die Verschanzungen nieder. Die Franzosen erstaunten
über die bewunderswerthen Kenntnisse, welche die Amerikaner
unter der Leitung des Artilleriegenerals Knox in der Belagerungs=
kunst entwickelten. Nicht wenig hatte auch die Stadt Wilmington
von einem furchtbaren Bombenfeuer der Schiffe zu leiden.
Washington beorderte die Wegnahme von zwei Redouten, da sie
den beabsichtigten Sturm gefährlich machen konnten. Die Truppen
wetteifern zu lassen, bestimmte er für das eine Werk die Ameri=
kaner unter Lafayette und Obrist Hamilton, für das andere
die Franzosen unter Viomesnil, Damas und Deur Ponts. Die
Republikaner stürmten mit dem Bajonette ohne Ladung und
waren bald am Ziele, der Englische Officier ergab sich dem jungen
Laurens, Sohn des alten Präsidenten des Congresses, ein wackrer
Jüngling von vortrefflichen Talenten, der seinem Vaterlande
leider zu bald und zu früh entrissen wurde. Die Franzosen
fanden größere Schwierigkeiten, die beiden Redouten zu nehmen,
allein das Beispiel der Republikaner und die Ermunterungen
ihrer tapferen Führer halfen auch ihnen zum Siege. Am
16. October ließ Cornwallis gegen die beiden am meisten vor=
gerückten feindlichen Batterien einen Ausfall machen, der ziemlich
gelang, indem 11 Kanonen vernagelt und 100 Franzosen ge=
tödtet oder verwundet wurden; allein die Lage der Belagerten
ward mit jedem Tage kritischer; Cornwallis suchte zu entkommen,
um nicht genöthigt zu sein zu capituliren. Er traf alle Anstalten
zum Uebergange über den James Fluß; alle Kranke und Ver=
wundete wollte er zurücklassen, um sie dem Edelmuthe Washingtons
anzuvertrauen. Schon war die leichte Infanterie vor Mitternacht
glücklich übergesetzt, als ein furchtbarer Sturm entstand, welcher
nicht allein die Boote verhinderte zurückzukehren, sondern sie auch
den Strom hinuntertrieb; dadurch wurden die Truppen getrennt
und der Plan vereitelt; mit großer Mühe und Gefahr wurden
sie während des Vormittags zurückgebracht. Das Feuer der
Belagerer ward verdoppelt und richtete die Britischen Werke völlig
zu Grunde. Die Garnison war auf's Aeußerste erschöpft und
die Hoffnung, bald Hülfe zu erhalten, entschwand; Cornwallis
entschloß sich daher zur Capitulation, welche auch am 18. Octbr.
zu Stande kam. Den folgenden Tag wurden York und Glou=
cester dem General Washington, alle Schiffe dem Grafen von
Grasse übergeben. Die Landtruppen, 7000 Mann, waren Ge=
fangene der Vereinigten Staaten, die Seeleute Gefangene des

Königs von Frankreich. Näher als Cornwallis geglaubt hatte, war die Hülfe gewesen; bereits 6 Tage später, am 24. October, erschien eine Englische Flotte von 25 Linienschiffen mit 7000 Landungstruppen in der Chesapeakbai, kehrte aber, das traurige Ereigniß vernehmend, nach New-York zurück. Der Congreß ließ in Virginien zum Andenken dieser wichtigen Begebenheit eine Marmorsäule setzen und an die Officiere Geschenke austheilen. Admiral Grasse kehrte in Folge ausdrücklicher Befehle aus Frankreich mit seinem Geschwader nach Europa zurück und Washington begab sich in seine alte Stellung vor New-York, um Clinton im Zaume zu halten. Wie die Uebergabe von Saratoga den Rücken der Amerikaner sicherte und die gesunkene Hoffnung von neuem belebte, so brachte der Sieg bei York-Town das ganze Gebiet der Vereinigten Staaten außer wenigen Städten unter die Botmäßigkeit des Congresses und mit dem letzteren für die Republikaner so glücklichen Erfolge schließt sich der Schauplatz des Kriegs in Nordamerika.

Dem Unglück in Virginien folgte für Großbritannien bald ein zweiter Schlag in Westindien, wo ihnen durch den Marquis von Bouillé die wichtige Insel St. Eustag am 26. November und andere naheliegende Inseln genommen wurde, ein beträchtlicher Schatz und große Beute fiel den Franzosen in die Hände. Im Januar 1782 eroberte Admiral Grasse die Insel St. Christoph und im Februar ward den Engländern durch ein Französisches Geschwader unter dem Befehle des Grafen von Kersaint die Holländischen Besitzungen in Demerary und Essequebo wieder abgenommen.

Höher und höher wie eine Verderben drohende Sturmfluth wuchs die Staatsschuld Großbritanniens, das Volk sehnte sich nach Frieden, indem es die Wiedereroberung der Colonien als Chimäre betrachtete; ein schweres Gewitter umwölkte den Horizont des Ministeriums, als das Parlament am 27. November 1781 zusammentrat. Es war am 22. Februar 1782, als der General Conway in einer glänzenden Rede den Antrag machte: man sollte Seine Majestät ersuchen, Ihren Ministern nicht länger zu gestatten, auf dem Wege der Gewalt Amerikas Gehorsam erzwingen zu wollen. Den 4. März ging er noch weiter und setzte den Beschluß durch, daß alle Diejenigen, welche dem Könige anrathen würden, den Nordamerikanischen Krieg länger fortzuführen, für Feinde des Vaterlandes erklärt werden sollten. Einige Zeit nachher machte der Graf von Sarrey den Antrag, den König zu ersuchen, ein neues Ministerium zu bilden. Lord North und seine Collegen mußten sich zurückziehen. Rockingham, Shelborn, Fox und andere Männer, welche Alle der Sache Amerika's zugethan waren, bildeten das neue Ministerium.

Man zweifelte nun nicht länger, einen baldigen Frieden unter den ehrenvollsten Bedingungen zu erhalten.

Das neue Ministerium war im Anfange des Jahrs 1782 eifrigst bemüht, die Ehre der Krone zu wahren und die erlittenen Verluste wieder gut zu machen, allein Holland, Spanien und Frankreich, aufgeblasen durch das Glück ihrer Waffen, waren wenig geneigt zu unterhandeln.

In Nordamerika ward ein stillschweigender Waffenstillstand beobachtet, seitdem Clinton abberufen und durch den in Amerika beliebten General Carleton, nachherigen Lord Dorchester, ersetzt war, der Vollmacht besaß, unter Anerkennung der Unabhängigkeit einen Freundschaftsvertrag mit der neuen Republik zu schließen; allein der Congreß wollte nur direct mit dem Parlamente unterhandeln. Indeß sehnte man sich immer mehr allgemein nach Ruhe. Die Land- und Seemacht der kriegführenden Mächte verschlangen ungeheure Summen, furchtbar waren die Finanzen zerrüttet. Amerika's auswärtige Schuld, die es während des Krieges machte, stieg auf 9 Millionen Dollars, die Schuld zu Hause auf 34 Millionen. Großbritannien kostete der Krieg 116 Millionen, so daß die Lasten jährlich um 4½ Millionen vermehrt werden mußten. In welchem Zustande sich Frankreichs Finanzen befanden, beweißt, die Revolution von 1789, zu deren hauptsächlichsten Ursachen die Zerrüttung der Staatsgelder gehörte. Paris ward zum Congresse der Abgesandten erwählt; dort nahmen gegen Ende des Jahres 1782 die Unterhandlungen ihren Anfang. England und Amerika näherten sich zuerst und unterzeichneten am 30. November einen Vertrag, in welchem den Vereinigten Staaten vollkommene Unabhängigkeit und andere Vortheile zugesichert ward. England schloß bald darauf auch Verträge mit Frankreich, Holland und Spanien, welche am 3. Septr. 1783 in einen festen Friedensschluß verwandelt wurden.

Kaum hatte die neue Republik von Amerika ihre Unabhängigkeit vom Mutterlande erkämpft, als ihre Freiheit durch innere Unruhen gefährdet ward. Officiere und Soldaten der Armee forderten mit Ungestüm nicht bloß Auszahlung des rückständigen Soldes, sondern auch des auf Lebenszeit zugesagten Gehalts in einer bestimmten Rate, wozu sich der Congreß nicht verstehen wollte. Nachdem die Milizen von Pensylvanien bereits im offenen Aufstande waren, gelang es den Bemühungen Washingtons die Sache zu vermitteln; es ward den Officieren ihr Gehalt auf 5 Jahre bewilligt und den Soldaten ein dreimonatlicher Sold ausbezahlt. Es war am 2. November 1783 als das Heer der tapfern Krieger, welche sieben lange Kriegsjahre hindurch nicht blos gegen Feuer und Schwert, sondern gegen Hunger und Entblößung, kurz gegen Leiden aller Art mit heldenmüthigem Muthe gekämpft hatten, verabschiedet wurden. Der Congreß verordnete auf den 11. December einen Fest= und Danktag, und ließ dem Obergeneral eine bronzene Reiterstatue setzen, mit Bas=reliefs geziert, die sich auf seine hauptsächlichsten Thaten bezogen, und mit einer passenden Inschrift versehen wurden.

Washington, der treue Führer und Genosse in so vielen Drangsalen und Gefahren, erließ bei der Niederlegung des Feldherrnstabs an die Armee ein herzliches Schreiben und sagte allen seinen Kameraden ein letztes Lebewohl.

Höchst feierlich war die Handlung, als er am 23. Novbr. den Commandostab in die Hände des in Anopolis versammelten Congresses niederlegte. So beschloß, von Allen hoch geehrt, der Held seines Vaterlandes, und der Mann der Freiheit sein öffentliches Leben als Krieger, um sich auf sein Schloß Mout=Vernon in Virginien zu der längst ersehnten Ruhe, in den Kreis seiner Familie zurückzubegeben; er war damals 53 Jahre. Welcher Mann hat je seinem Vaterlande größere Dienste geleistet, als Washington? — Durch die große Zuneigung des Volkes und der Armee hätte er sich so leicht zu den höchsten Stufen der Größe und der Macht erheben, große Reichthümer sich erwerben können, aber das erlaubte seine Uneigennützigkeit nicht, er sorgte nur für andere, und hielt es nicht unter seiner Würde, wie einst jener Römer (Cincinnatus), der vom Pflug hinweg zum Dictator berufen wurde, den Marschallstab mit den Feldgeräthschaften zu vertauschen. Aber die Ruhe, deren er sich, mit ländlichen Arbeiten beschäftigt, im Schooße seiner Familie erfreute, sollte nur wenige Jahre währen; denn im Jahre 1787 ward er vom Congresse einstimmig zum Präsidenten der Vereinigten Staaten erwählt. — Nur das Beste des Vaterlandes im Auge habend, opferte er seine Ruhe dem Gemeinwohle.

Auch später wiedergewählt, war er so glücklich manchen dem Vaterlande drohenden Sturm abzuwenden; bereits dem 70. Jahre nahe, gab er in einer Addresse an das Volk den Wunsch zu erkennen, nicht wieder gewählt zu werden; seine Bitte um einen Nachfolger ward erfüllt, John Adams trat aufs würdigste in seine Fußstapfen. — Vergnügt kehrte Washington in sein stilles, glückliches häusliches Leben nach Mont=Vernon zurück, wo er am 14. Decbr. 1799 nach einer kurzen und schmerzlosen Krankheit bei vollem Bewußtsein starb; allgemein und aufrichtig war die Trauer um den großen Mann auf beiden Continenten.

Bald nach geschlossenem Frieden erschien auch Lafayette wieder auf dem Boden Amerikas, für dessen Unabhängigkeit er mit so viel Muth und Aufopferung mitgekämpft hatte. —

„Möge das Gedeihen und das Glück der Vereinigten Staaten", sprach er vor dem Congresse, „die Vorzüge ihrer Regierung bekunden! Möge dieser unermeßliche Tempel, den wir der Freiheit errichtet haben, den Unterdrückern als Warnung, den Unterdrückten als Beispiel, und den Manen seiner Gründer als ein Gegenstand der Wonne dienen!"

Die Büste des jungen Helden wurde auf dem Kapitol des Staats von Virginien aufgestellt, später während der französischen Revolution im Jahre 1789 der Stadt Paris zum Geschenk gemacht.

Die Freiheit der jungen Republik ward besiegelt durch die am 17. Sept. 1787 von George Washington unterzeichnete Verfassung, zur Bildung eines vollkommenen Vereins, zur Befestigung der Gerechtigkeit, zur Sicherung der inneren Ruhe, zur gemeinsamen Vertheidigung des Vaterlandes, die allgemeine Wohlfahrt zu fördern und den Segen der Freiheit zu sichern für die jetzige Generation und für die späteste Nachwelt.

Blickt nach Nordamerika, deutsche Brüder, wenn ihr an den Erfolg eures Kampfes für bürgerliche Freiheit verzweifelt und ihr aufs Neue das Racheschwert eurer Fürsten über eure Häupter schwingen seht. Schön war unser Traum, als die Freiheitssonne des Frühjahrs 1848 uns erwärmte, als die Fürsten mit dem Volke gingen und es anerkannten, daß sie nur durch's Volk Thron und Scepter behielten, als das Volk in Stadt und Land seine Vertreter ernannte, diese nur die Demokratie zu huldigen schienen und sich dazu bekannten. Da jubelte Alles dem allgemeinen Verbindungsfeste entgegen, da erwartete jeder deutsche Staat bald eine freisinnige Verfassung und Freiheitsgesänge ertönten überall beim Becherklange; aber der böse Feind säete bald Unkraut auf die allzuüppich aufgegangene Saat, des Novembers rauhe Stürme entblätterten rasch die Freiheitsbäume und der December bedeckte sie mit einem Leichentuche. — Aber wird der Schnee nicht schmelzen, das Eis nicht schwinden, wird sie ausbleiben die aufs Neue erwärmende Sonne des Frühlings? Bietet uns der Freiheitskampf der Nordamerikaner nicht gleichen Wechsel, haben wir schon wie sie 8 Jahre mit Hindernissen und Entbehrungen aller Art gekämpft? Mußte ein Washington und andere wackere Führer der Revolution nicht reichlich so bittere Erfahrungen machen als deutsche Männer, welche in unserer Zeit Beruf und Kraft in sich fühlen die Rechte des Volkes zu fördern, zu vertheidigen? Ward nicht Mancher in Ketten nach Englands Kerkern geschleppt? Mußte nicht so Mancher auf dem Schlachtfelde verbluten, ohne den Triumpf des Sieges mitfeiern zu können? Klagte nicht selbst ein Washington so oft über Undank und Gleichgültigkeit des Volkes, über Rohheit und Verderbtheit der Massen, über Neid und Habsucht der Befehlshaber? Gab es dort keine Windischgrätze und Wrangels, keine Mathys und Bassermanns? keine Lichnowkys, keine Mautenfels? Bei den Congressen keine Chameleons wie unter Bremens Bürgerschaft? Hatten nicht auch dort die Führer des Volkes mit den giftigsten Pfeilen der Lüge und Verläumbung, die für die Freiheit streitenden Bürger nicht mit Noth und Sorgen aller Art zu kämpfen? Und die Staatsmänner? hatten sie kein Opfer zu bringen, keine Lasten zu tragen? Wenn bei uns ein Senatsvetter aus dem Staatskalender nach dem Finger die Deputationen aufzählt, welchen ein Senator vorzustehen hat — dabei auch die sorgenvolle Neunaugenbrater-Inspection mit 9 Augen gedankenvoll beleuchtet — und deshalb einen recht zahlreichen Senat als so bringend empfiehlt, wie klein wird da die Bürde bei dem Gedanken an John Adams, der in jenem großen Staate bei der gewaltigen Revolution während der 3 Jahre seines Amtes Mitglied von nicht weniger als 90 Deputationen oder Ausschüssen war und bei 25 den Vorsitz führte!

Verzage nicht, deutsches Volk, heiliger und gerechter als 1813 gegen fremde Unterdrücker, ist jetzt dein Kampf gegen deine jetzigen Unterdrücker. Der Freiheitskampf der Nordamerikaner, welche im vorigen Jahrhundert allen Völkern voranleuchteten, begeistere dich im Ausharren; — sein glücklicher Erfolg stähle deinen Muth, belebe deine Hoffnung. Die Nordamerikaner haben ihre Einheit auf Freiheit gegründet und finden ihre Kraft im Bunde der Einigkeit mit der Freiheit, gestützt auf ihre streng demokratisch-republikanische Verfassung, welche eine Unverantwortlichkeit, wie Lebenslänglichkeit, eine Vielköpfigkeit der Regierenden als thöricht und verderblich verwirft; seit 72 Jahren erfreuen sie sich ihrer Verfassung und mit derselben sehen sie von Jahr zu Jahr ihr Glück mehr erblühen, ihre Macht und ihr Ansehen wachsen und immer mehr wird Nordamerikas Freistaat der Magnet der Fürstenmüden, der Kerkerfliehenden, der sich der Drohungen der Camarilla und den Bayonetten der Soldateska entziehenden Deutschen. Der Freiheitskampf der Nordamerikaner zeigt uns, daß ein Volk frei sein kann, wenn es frei sein will. — Jenes Nordamerika will keine Macht, sondern ein Staat sein, nicht durch Gewaltthaten mächtig werden, sondern durch Cultivirung seines unermeßlichen Gebiets, durch seine Entwickelung nie geahnter socialer Kräfte; durch seine Verfassung bietet es den in Europa Verzweifelnden Trost, den Hoffnungslosen ein freundliches Asyl. Dort kann man glücklich sein, ohne Bevormundung, rechtschaffen ohne Aufsicht der Polizei, Patriot und geachtet ohne Titel und Orden, dort hat die Freiheit nicht der Furie Feuerbrand in Händen, sondern die Palme des Friedens und den Lorbeerkranz des Verdienstes. Armes Deutschland, so reich an Quellen des Erwerbs und so arm an Thatkraft und Willen des Volkes, so reich an Produkten und so arm in jetziger hochwichtiger Zeit an Männern, bei denen sich Tugend und Selbstverläugnung, heroischer Muth und echter Bürgersinn so eng vereinigten, als bei den Volksführern der nordamerikanischen Revolution, wie bei Washington und Adams, Jefferson, Franklin und so vielen andern.

Unermeßlich waren die Folgen des Freiheitskampfes der Nordamerikaner für ganz Europa, alle Verhältnisse erhielten eine andere Gestalt, Handel und Schifffahrt brach sich neue Bahnen, die innere Thätigkeit, besonders die Agricultur kam in gewaltigen Schwung; allenthalben entfalteten sich neue Kräfte, ein neuer Odem belebte das morsche Europa, regsam wurden die so lange Zeit erstarrt gewesenen Glieder; aus der höheren Bildung ging das Interesse für Staat in die Massen über, welche die Worte Freiheit und natürliches Recht nach dem Maaßstabe der gesunden Vernunft studirten; die bisherige juristisch=gelehrte, gleißnerisch= diplomatische Publicistik ward von einer freiern, kühnern ver= drängt; sie wandte sich an das Volk, welches die neue Lehre, natürliche Rechte zeigend, begierig erfaßte. Aber nicht allein in Europa ward Nordamerikas Befreiung als die aufgehende Sonne eines schönen Tags begrüßt, auch nach Mittel= und Südamerika erhellte ihr Licht, erwärmten ihre Strahlen, ein Volk nach dem andern schüttelte das europäische Joch ab und fand nur in Republik Glück und Segen. — So sei denn auch der großen deutschen Nation Nordamerikas Befreiung ein leuchtend Vorbild, ein Beispiel, daß in der Einigkeit die Kraft liege, daß Ausdauer im Kampfe gegen die Fürsten und ihre Camarilla; gegen die Bayonette der Söldlinge und das Geschmeiß der jesuitischen Aristokraten nothwendig ist und allein zum Siege führt. Wie sehr die Amerikaner im Rechte waren, sich vom Europäischen Joche loszumachen, wie sehr alle Völker im Rechte sind, die Fesseln der Knechtschaft und Willkühr abzuschütteln, das sei der Gegenstand von folgenden Vorlesungen.

Paulus an die Römer Cap. 13, Vers 1.

„Jedermann sei unterthan der Obrigkeit, die Gewalt über ihn hat; denn es ist keine Obrigkeit ohne von Gott; wo aber Obrigkeit ist, die ist von Gott verordnet." So schrieb Paulus an die Römer und mit goldenen Buchstaben steht diese Stelle geschrieben über den Thronen der Fürsten, auf den Wappen der Machthaber, auf dem Siegelring der Vertheidiger eines unbedingt passiven Gehorsams von Seiten des Volks; sie ist das Panier des Nepotismus und das Palladium der Aristokratie, das Motto Derer, welche so gerne auf Urrechte hinweisen, von denen sie wähnen, daß sie nicht verjährt werden könnten. Der sonst so freimüthige und freisinnige Apostel hat gewiß nicht geahndet, daß sein Wort so verdreht, so gemißdeutet werden würde, sonst hätte er sich gewiß deutlicher ausgedrückt und bemerkt, daß jene Worte eigentlich die Sache an sich, die Herrschaft und höchste Staatsgewalt überhaupt, nicht aber ihren Besitz oder ihren Träger angehn, er hat den Römern sicher nur Gehorsam, aber keineswegs Sklavensinn zur Pflicht machen wollen. Es schrieb doch auch derselbe Paulus: „wo der Geist des Herrn ist, da ist Freiheit!" Wollte man aber jeden Bibelspruch wörtlich nehmen, so müßte man dem Diebe, der den Rock nehmen will, auch den Mantel geben und den linken Backen ruhig hinhalten, wenn man auf den rechten einen Schlag erhält (Matthäi 5, 39. 40), so wäre das Weib die Sclavin ihres Mannes. Eben so wenig ist der vielbesprochene Bibelspruch: „Jedermann sei unterthan der Obrigkeit" als buchstäblich anzuwenden; beruht doch die Uebersetzung der Bibel auf manche Irrthümer und Meinungen. Luther war Mensch, hat als solcher sich gewiß oft bei der Uebersetzung der Bibel geirrt und seine Meinung aufgestellt; wenn er z. B. schreibt, Christus ist der Sohn Gottes, so hätte er eben so füglich schreiben können, Christus ist der Knecht Gottes; denn im Griechischen, aus welchem das neue Testament übersetzt ist, bedeutet das Wort Peis eben so gut Sohn als Knecht. Paulus schreibt auch (Colosser 2, 14. 15), Christus habe ausgetilgt die Handschrift, welche durch Satzungen entstanden uns entgegen gewesen und habe ausgezogen die Fürstenthümer und die Gewaltigen. Lassen Sie uns, werthe Versammlung, den Text unsrer Betrachtung näher beleuchten und untersuchen, wie er zu verstehen ist. Das Buch der Geschichte, das Wort der Gelehrten und der gesunde Menschenverstand geben uns dazu einen bessern Schlüssel, als das nichtswürdige Pamphlet, der „Bremer Schlüssel". *)

Als Karl I., jener unglückliche Monarch, der bei so manchen Tugenden und trefflichen Eigenschaften die Schwachheit hatte, sein Volk durch einen Buckingham tyrannisiren zu lassen und für sein Bestreben, ohne Parlament regieren zu wollen, also ein absoluter Herrscher zu sein, sein Leben auf dem Blutgerüste geendigt hatte (30. Januar 1646), da erschienen zwei Schriften, welche ganz Europa in Bewegung setzten und die sich auch damals so schroff gegenüberstehenden Parteien des Absolutismus und des Liberalismus noch erhitzter bekämpfen ließen. Die erste war von dem großen Gelehrten Salmasius in Leyden, in Folge der Aufforderung des Königs Karl II., die andere von dem berühmten Englischen Dichter Milton, in Folge Aufforderung des Englischen Parlaments. Salmasius suchte auf alle mögliche Weise König Karl I. zu rechtfertigen und das Englische Volk für sein Auflehnen gegen die königliche Gewalt zu verdammen; er war von dem Gesichtspunkte ausgegangen, daß zwischen einem Vater und einem Könige kein Unterschied sei; sowie das Kind die üblen Launen und die Strenge des Vaters geduldig ertragen müsse, so müsse auch das Volk eines Königs Laune und Strenge geduldig ertragen. Milton meint dagegen, und wer wollte nicht diese Meinung theilen, daß wenn man auch jene Gleichheit zwischen einem Könige und einem Vater zugeben wolle, doch des Vaters Macht nicht grenzenlos sei. Tödtet ein Vater seinen Sohn, dann verdammen ihn die Gesetze zum Tode oder zum Kerker. Warum sollte es nun mit einem Könige nicht eben so sein? Warum sollte er ausgenommen sein von dem Gesetze, wenn er seine Söhne, sein Volk zu Grunde richtet?

Salmasius sucht wiederum Schutz in der heiligen Schrift, um die Allgemeinheit der königlichen Gewalt auf dem ganzen Erdkreise zu beweisen, indem er auf das Buch Moses hinweis't, durch den Gott zu dem Volke der Hebräer spricht: „Wenn du in das Land kommst, das dir der Herr, dein Gott, geben wird, und nimmst es ein und wohnst darinnen und wirst sagen: Ich will einen König über euch setzen, wie alle Völker um mich her haben."

---

*) Ein hier erscheinendes pietistisches Blatt.

Der weisere Milton findet aber gerade in dieser Stelle der heiligen Schrift ein Zeugniß, daß Gott den Völkern die Freiheit ließ, sich eine Herrschaft zu wählen, welche ihnen am besten zusagte. Gott wollte zugleich, daß die Herrschaft immerfort auf Gerechtigkeit gegründet sei; darum setzte er fest, daß falls ein König gewählt würde, dieser allezeit den Gesetzen unterworfen bleiben sollte, die Gott selbst aufgestellt. Es war daher dem Könige verboten, eine zu große Masse Reichthümer aufzuhäufen, die Zahl der Pferde und der Weiber zu sehr zu vermehren. Der König war auch verbunden, sich sogar in seinen persönlichen Handlungen nach den Gesetzen zu richten. Es war ihm befohlen, die Vorschriften des Gesetzes mit eigner Hand niederzuschreiben und sie genau zu befolgen, damit er nicht etwa sich höher als die Brüder halte. In Bezug auf die Gesetze und den Gehorsam gegen sie ließ schon das alte Testament nicht den geringsten Unterschied zwischen dem Könige und dem Volke gelten. Gott selbst sagt dort: „König und Unterthanen sind Brüder."

Daß der König die Gesetze halten solle, wie der geringste seiner Unterthanen, steht also selbst nach der heiligen Schrift fest. Davon wollen aber die Regierer und Aristokraten unserer Zeit nichts wissen; während sie auf Pauli Lehre, Jedermann sei unterthan der Obrigkeit, die Gewalt über ihn hat, hinweisen und diesen Satz im Munde und im Schilde führen, diesen Satz von Thronen, vom Rathhause predigen, hüten sie sich hochweislich, auf so viele andere Stellen des alten und neuen Testaments hinzuweisen, worin auf die Rechte der Völker, auf die Pflichten der Könige aufmerksam gemacht wird, worin gelehrt wird, daß wir Menschen alle Brüder, Alle eines Gottes Kinder sind.

Wie aber, wenn nun die Regierer nicht die Gesetze halten, wenn sie die Rechte ihrer Völker kränken, wenn sie ungerecht handeln, nach welchem Gesetze soll man sie strafen? Milton antwortet auf diese Frage: „Nach demselben Gesetze, nach welchem man andere Menschen straft. Ich finde nicht, daß eine Ausnahme zu machen sei. Man hat nicht ein besonderes Gesetzbuch für die Geistlichen, nicht ein eignes für die Magistratspersonen. Würde angenommen, der König, der ein Verbrechen begangen, könnte gar nicht bestraft werden, weil es kein positives Gesetz gäbe, das ihn verdammte, dann könnten auch aus dem gleichen Grunde die Priester und Staatshäupter das Vorrecht ansprechen, bei aller Art von Vergehen ungestraft zu bleiben.

Wenn die Völker mit vollem Rechte behaupten, daß die Könige und Machthaber ohne allen Zweifel den Gesetzen unterworfen seien, wie andere Menschen und für diesen Satz Schutz in der heiligen Schrift suchen: so nehmen die Anhänger des Absolutismus und der Aristokratie wiederum Schild und Waffe aus der heiligen Schrift, indem sie behaupten, Salomon, dieser allgemein als weise anerkannte Mann, predige doch eine andere Lehre, wenn er Prediger 8, 4 sagt: „Folge dem Gebote deines Königs; denn in des Königs Wort ist Gewalt, und wer mag zu ihm sagen: was machst du?" Aber fest im Sattel sehen wir Milton, er betrachtet diesen Spruch nur als bloßen Rath der Klugheit, den der weise Salomon den Einzelnen ertheilt. Denn ohne Zweifel ist es für den einzelnen Bürger ein gewagtes Spiel, mit den Großen in Widerspruch zu gerathen. Aber wie! die Edlen, die Vorgesetzten und das gesammte Volk selbst sollten, wenn es einem Könige gefiele, aberwitzig zu sein und sich der Tirannei und den ärgsten Ausschweifungen hinzugeben, sich also rühren dürfen? Sie sollten einen ruchlosen, die Zeit und ihre Bedürfnisse nicht verstehenden, die Menschheit und ihre fortschreitende Civilisation verhöhnenden, sie sollten einen Fürsten, der allem Guten den Untergang droht, keinen Widerstand entgegensetzen, sie sollten gegen den, der alle göttlichen und menschlichen Dinge mit Füßen tritt, sich nicht auflehnen dürfen?

Salmasius, der feile, gedungene Vertheidiger des Absolutismus, geht sogar so weit, sich auf Samuels, den Israeliten vorgehaltenes, abschreckendes Bild von dem Königthum zu berufen, um ein göttliches Recht der Könige zur Uebung einer durchaus absoluten Gewalt darzuthun. Kräftig tritt ihm Milton entgegen und macht ihm mit vollem Rechte den Vorwurf, wie blödsinnig es sei, nicht einzusehen, daß dasjenige, was Samuel als so tadelhaft, so verderblich, so verabscheuungswerth darstellt, ohnmöglich ein Recht sein könne, als ob die von Gott selbst verdammteste Sitte der Könige je in ein Recht der Könige verwandelt werden könnte, als ob Diebstahl und Mord, Ehebruch und Tirannei, Zerrüttung und Verwirrung je göttliche Rechte werden könnten! Was du uns also als königliches Recht aufstellen willst, ruft er dem Salmasius zu, ist höchstens Unrecht — die Verirrung, der Mißbrauch, die Gewaltthätigkeit, die Ausschweifung des Königthums, und dieses dein Königreich suchst du Vermessener! aus Gott selbst herzuleiten, als ob er das Höchste zum Verderben des menschlichen Geschlechts eingeführt hätte! Aber was du königliches Recht nennst, rührt nicht von Gott her, hat seinen Ursprung vielmehr in der Hölle und das menschliche Geschlecht hat die Pflicht, mit aller Macht dagegen aufzustehen, statt sich demselben zu unterziehen. Wenn auch wirklich alle Könige von Gottes Gnaden sind, so verlangen auch die Völker ihre Freiheit durch die Gnade Gottes. Es ist Alles von Gott und, wie die heilige Schrift sagt, die Fürsten werden

durch ihn auf den Thron gehoben und durch ihn vom Throne
gestürzt. Das Recht des Volks ist also, wie das Recht des
Königs, von Gott und es zeigt sich mehr von Gott, mehr
Göttliches in einem Volke, wenn es einen tirannischen König,
eine ungerechte Obrigkeit entsetzt, als in einem Könige, der die
Rechte seines Volks mit Füßen tritt, als in einer Obrigkeit, die
mit Ungerechtigkeit und mit Willkühr verfährt. Gott selbst hat
das Volk ermächtigt, böse Fürsten zu richten; denn er erlaubt
ihm nach dem 149. Psalm anzuketten die tirannischen Könige
und Gericht zu halten über Diejenigen, die sich rühmen, kein
Gesetz über sich zu erkennen. Wie kann man also der unsinnigen
und gottlosen Meinung huldigen, daß die Regierer einen so
einzigen, ausschließlichen Genuß von dem Höchsten erhalten haben
sollen, daß Gott die ganze Welt nur für ihre Lust und Laune
geschaffen und daß er gewollt, daß das im Ganzen göttliche
Geschlecht der Menschen nur für eine den Fürsten dienstbare
Gattung niedriger Thiere gehalten werden. Wer das „Jedermann
sei unterthan der Obrigkeit, die Gewalt über ihn hat; denn es
ist keine Obrigkeit ohne von Gott" für wörtlich nimmt und
demnach Absolutismus und Aristokratie bedingt, der macht ja
Gott selbst zum unmittelbaren Urheber der Tirannei, indem man
den Regierern ein ihnen von Gott verliehenes Recht, die Völker
zu despotisiren, beilegt; von der Freiheit soll er nicht der Schöpfer
sein. Während man lehrt, daß Derjenige, welcher einer un=
gerechten Gewalt sich unterwirft, sich ruhig im Joche beugt, der
göttlichen Ordnung gemäß handelt, predigt man, daß Derjenige,
welcher einer, wenn auch ungerechten Gewalt widersteht, der
Willkühr, der Tirannei sich widersetzt, eben dieselbe Ordnung
umstürzt — welcher Widerspruch! — Gegen die Fluthen des
Meeres schützen wir uns durch künstliche Dämme, gegen Pest
und Cholera ziehen wir Cordons, des Himmels Blitze suchen
wir von unseren Häusern abzuleiten, vor Hunger und Kummer
und so vielen anderen Geißeln der Menschheit suchen wir uns
zu befreien, obgleich wir recht gut wissen, daß sie von Gott
herkommen, nur gegen die Tirannei sollten wir kein Bollwerk
errichten, sollten uns nicht schützen dürfen gegen die Krallen
kaiserlicher Adler, gegen die Indolenz königlicher Ordonnanzen,
gegen die Willkühr fürstlicher Edicte, gegen die Ungerechtigkeit
obrigkeitlicher Verordnungen, gegen Mißbrauch unsers Vertrauens
von Seiten unsrer Vertreter, gegen Parteilichkeit der Richter?
Fühlen wir uns aber von Muth und Kraft beseelt, was soll,
was darf uns hindern, dagegen aufzutreten? Darf sich die
Schwäche des Einzelnen, sagt Milton, nach Belieben Böses
anzuthun, durch angebliche Dazwischenkunft der Gottheit ver=
stärken, warum sollte die Gesammtheit, die darauf ausgeht, das

allgemeine Beste zu bewirken, nicht das gleiche Recht besitzen? Weit von uns also, weit von allen guten Bürgern jene ungereimte gottlose Lehre, welche das menschliche Geschlecht unter das Thier herabwürdigt.

Hochgeschätzt und hochgeehrt ist in England das Werk: Discourses on Government, von dem berühmten Staatsmann Algernon Sidney, Sohn des Grafen Robert Leicester; durch Energie der Darstellung, Ideenreichthum, patriotischen Eifer für Sicherstellung und Veredlung der Englischen Constitution und durch viele interessante historische Erörterungen hat dieses Werk auch für die spätesten Nachkommen großen Werth und bleibendes Interesse und immer mehr werden die darin aufgestellten Lehren und Grundsätze anerkannt und befolgt werden. Wir finden darin unter andern folgende Stelle: „Von keinem Menschen in der Welt hat man das Recht zu verlangen, daß er dulden solle, wozu der, welcher es gegen ihn verübt, nicht das Recht hat. Die menschlichen Gesetze gestatten es zwar nicht immer Privatpersonen, Richter in ihrer eignen Sache zu sein; gleichwohl glaube ich giebt es kein Gesetz, das nicht der rechtfertige, der zu seiner Selbstvertheidigung einen Andern tödtete, wenn es offenbar ist, daß er sich keiner vom Gesetze vorgeschriebenen Mittel bedienen konnte, um sein Leben zu schützen, sonst würden ja alle Unschuldige fort und fort der Gewaltthätigkeit der Bösewichte ausgesetzt sein. Wenn nun Jeder das Recht hat, sich gegen Jeden zu vertheidigen, warum sollten die Fürsten allein eine Ausnahme machen von dieser allgemeinen Regel; warum sollte es nicht erlaubt sein, sich gegen einen König zu vertheidigen, wenn es kein anderes Mittel giebt, sich gegen seine Gewaltthätigkeit sicher zu stellen. Ohnmöglich kann Derjenige, dessen Bestimmung es ist, die Gerechtigkeit zu handhaben, ein Privilegium in Anspruch nehmen, ungestraft Ungerechtigkeiten zu begehen? Gegen die Fürsten als Fürsten haben die Nationen keine Pflicht, ihre Verpflichtungen gegen sie erwachsen erst aus den mit ihnen abgeschlossenen Verträgen. Diese Verträge sind freiwillig und zum Besten der Völker gemacht, daher nur so lange gültig, als Diejenigen, mit welchen sie sie eingegangen, ihre Pflicht erfüllen und den Vortheil der Völker im Auge haben. Tapfere, muthvolle und geistvolle Nationen haben von jeher verstanden, ihre Freiheit zu behaupten oder sich an Denen zu rächen, die sie ihnen raubten und je geduldiger sie sind, desto unbeugsamer sind sie, haben sie sich einmal entschlossen, nicht ferner zu dulden. Die Fürsten, die unverständig genug sind, es zu dieser Extremität kommen zu lassen, erfahren dann auf ihre Kosten, daß ein Unterschied obwaltet zwischen Löwen und Eseln." Im 36. Abschnitt des 3. Buchs sagt Sidney unter andern: „Die Obrigkeit ist durch das Volk und für das Volk eingesetzt, das Volk hingegen besteht nicht durch die Obrigkeit und für die Obrigkeit. Die Völker können nur in so weit zu gehorchen verpflichtet sein, als sie urtheilen, daß ihr Gehorsam mit dem öffentlichen Wohl verträglich ist. Ursprünglich sind die mit der obrigkeitlichen Gewalt bekleideten Personen nicht mehr als die übrigen Glieder der Gesellschaft, und die gegen jene zu beobachtenden Pflichten werden durch das Ermessen der Nationen bestimmt."

Man beruft sich auf den Eid des Gehorsams und der Treue, die ein Volk dem Fürsten oder der Obrigkeit geleistet; ich behaupte dagegen, daß das Gesammtvolk nie einen solchen Akt macht, noch machen kann. Erwägt man den eigentlichen Zweck des Eides, dann ergiebt sich, daß durch denselben jeder sich verpflichtet, nichts zu thun, was dem von ihm eidlich angelobten zuwider ist. Die Einzelnen, welche Gehorsam dem Gesetze schwören, versprechen nichts, was außer dem Gesetze oder gegen dasselbe ist, und was sie auch angeloben oder schwören mögen, so wird dadurch die öffentliche Freiheit nicht vermindert, deren Erhaltung der Hauptgrund des Gesetzes ist. Wenn auch Einzelne in den Aemtern, womit sie bekleidet sind, verbunden sein können, den Regierern gewisse Dienste zu leisten, so hört darum das Volk nicht weniger auf, frei zu bleiben, als die innern Gedanken des Menschen, ohne jemals das Recht zu verlieren, welches es besitzt, die Freiheit zu behaupten und an Diejenigen Rache zu nehmen, welche die Freiheit antasten und untergraben.

John Locke, dieser berühmte Philosoph des 17. Jahrhunderts, war einer der eifrigsten Vertheidiger der Volksrechte gegen fürstliche Gewalt, durch die Klarheit und Gründlichkeit, womit er in seinen Schriften die Rechte der Völker untersuchte und vertheidigte, macht er seine Lehre, wie es Heeren, dieser hochgeachtete Gelehrte unsrer Zeit sagt, gleichsam zum Evangelium der Nation.

Locke's Grundsatz, daß alle Gewalt der Regierer auf einen Staatsgrundvertrag beruhe, bei welchem die Uebertragung der Souverainität von Seiten des Volks nur bedingungsweise vor sich gegangen sei, hat Epoche im Englischen Staatsrechte gemacht. In einer seiner Schriften, ins Deutsche übersetzt unter dem Titel: Ueber Glaubens- und Gewissensfreiheit, schreibt er: „Eine Regierung, die Gerechtigkeit übt und sich zu mäßigen weiß, bleibt überall ruhig und unangefochten, giebt sie dem Volke keinen Anlaß zur Unzufriedenheit; so wird Ruhe und Friede im Lande bleiben. Wo man aber Menschen in den Staub treten will, da gährt es in ihnen, und wer kann es ihnen verargen, — sie empören sich, d. h. sie richten das Haupt empor, um abzuwerfen das lästige Joch).

Darf man sich darüber wundern, geehrte Versammlung, daß Männer wie Milton, Sidney und Locke im 17. Jahrhundert von den Anhängern und Inhabern des Absolutismus verfolgt und angefeindet wurden, daß ihre Lehren verketzert und verhöhnt wurden, da man im 19. Jahrhundert es täglich gewahr ward, wie die Reden und Schriften freigesinnter Männer von der Aristokratie verketzert wurden, wie das Wort der Wahrheit unterdrückt ward, wie die Zeitungen von Lobhudeleien der Fürsten strotzten, wie kein Mittel unversucht blieb, die Vertheidiger der bürgerlichen Freiheit zum Schweigen zu bringen, wie das kreuzige ihn! so oft über den Patrioten gesprochen ward, der mit männlichem Muthe es wagte, den Regierern Aug' im Aug' die Wahrheit zu sagen, der mit hellem Kopfe und hochschlagendem Herzen das Volk aufmerksam machte auf ihre angebornen Rechte, auf ihre, ihnen als Menschen zukommenden, von Gott und durch die heilige Schrift verheißenen Freiheiten?! Milton ward anfangs in England hochgefeiert; für seine energische Widerlegung der Schrift des Salmasius erhielt er vom Parlamente eine Belohnung von 1000 Lstrl., als aber Karl II. und mit ihm der Absolutismus zurückkehrte, da ward er seines Amts entsetzt und seine Schriften, welche selbst von der Königin Christine von Schweden mit Beifall aufgenommen waren, wurden öffentlich von Henkers Hand verbrannt.

Lockes berühmtes Werk: two treatises of government, worin er die absolute Gewalt verwirft und die bürgerliche Freiheit so energisch vertheidigt, ward von der Dubliner Universität verboten; Locke, der Verschwörung angeklagt, hatte sich nach Holland begeben, wohin aber Jacob II. vergebens seine Blitze schleuderte. Nachdem dieser König aber vom Prinzen von Oranien vom Thron gestoßen war, kehrte Locke nach England zurück, hochgefeiert und hochgeehrt; die wichtigsten Staatsämter wurden ihm angeboten, die Englischen Colonien wählten ihn zu ihrem Gesetzgeber und ertheilten den Vorschriften, die er ihnen gab, gesetzliche Kraft.

Weniger glücklich war der hochherzige Republikaner Alexander Sidney. — Karl II. ließ ihn des Hochverraths anklagen und zum Tode verurtheilen Die vom König eingesetzte sclavische Jury war taub auf Sidneys einsichtsvolle und geistreiche Vertheidigung; mit der Standhaftigkeit und dem Gleichmuthe eines alten Römers, empfing er am 7. December 1683 den Todesstreich.*) Einer der ersten Handlungen der bald darauf ausgebrochenen

---

*) Dürfen wir uns wundern, daß im Jahre 1683 ein solcher Justizmord geschah, wenn unser Deutsches Vaterland im 19. Jahrhundert so manchen Justizmord aufzuweisen hat, ja selbst nach der glorreichen Märzrevolution?

Revolution zu Gunsten Wilhelms von Oranien war, daß die Schande, womit Sidneys Andenken befleckt worden, auf eine für den wirklichen Märtyrer höchst ehrenvolle Weise, ausgelöscht wurde; sein Name ist seitdem stets hochgeehrt geblieben. In seinem Blute mögen sich die Absolutisten spiegeln, an seinem Muthe, seiner Standhaftigkeit bis zum Tode durch Henkers Hand mögen die Vertheidiger der bürgerlichen Freiheit ein Beispiel nehmen, die Austilgung seiner Schmach nach seinem Tode und die Anerkennung seiner Verdienste durch die Nachwelt sei denen, welche für ein Wort der Wahrheit, für die Vertheidigung der Rechte des Volkes im dunklen Kerker schmachten, ein leuchtender Stern! Unter den Britischen Schriftgelehrten des vorigen Jahrhunderts, welche sich kräftig gegen blinden unbedingten Gehorsam erklären und den Widerstand der Regierten gegen die Gewalt der Regierer rechtfertigen, zeichnen sich vorzüglich David Hume und Joseph Priestley aus. — Hume hält sich in seinen Schriften vorzüglich an den Grundsatz: Salus publica suprema lex esto (das öffentliche Wohl sei das erste und vorzüglichste Gesetz. — Welcher Befehlshaber einer Stadt, schreibt er, macht sich ein Bedenken daraus, die Vorstädte wegzubrennen, wenn sie die Annäherung des Feindes erleichtern? Oder welcher General enthält sich der Plünderung in einer neutralen Gegend, wenn die Nothwendigkeit eines Krieges es erfordert und er seine Armee nicht anders unterhalten kann? Dieselbe Bewandniß hat es nun mit der Pflicht der Unterthänigkeit gegen die Obrigkeit.

In seinem auch ins Deutsche übersetzten Werke: „über die menschliche Natur" äußert er: Diejenigen, welche die Waffen gegen einen Dionysius oder Nero oder Philipp II. ergriffen, haben den Beifall eines jeden, der ihre Geschichte lies't, auf ihrer Seite, und nichts als die schrecklichste Verderbniß des gesunden Menschenverstandes kann verleiten, sie zu verdammen. Es ist also gewiß, daß sich in allen unsern moralischen Begriffen die absurde Vorstellung eines leidenden Gehorsams nirgends findet, sondern daß es uns nach denselben sehr wohl gestattet ist, uns den Ausschweifungen tyrannischer Fürsten, den Unterdrückungen und der Willkühr aristokratischer Obrigkeiten zu widersetzen. Die allgemeine Meinung des Menschengeschlechts hat in allen Fällen Gewicht und Ansehen.

Joseph Priestley nimmt (wie Friedrich Murhard bemerkt) als Grundmaxime aller Regierungen an, daß Jeder der einen hohen Rang, ein hohes Amt, Privilegien, Prärogation im Staate genießt, — gleichviel ob er König oder Präsident heißt — immer nur Diener des Publikums und diesem verantwortlich sei. Daher räumt er dem Volke das vollkommenste Recht ein, die mit der obrigkeitlichen Würde bekleidete Person, wenn sie diese mißbraucht, abzusetzen und selbst zur Strafe zu ziehen. Wollte man gegen diesen Grundsatz einwenden, daß tyrannische, unterdrückende Regierungen mangelhafte in früheren Jahrhunderten entstandene und daher auch früheren Jahrhunderten angehörende Verfassungen so lange Zeit ohne Murren von Seiten der Völker ertragen wurden, dann bringt man damit nur ein desto stärkeres Argument für die Nothwendigkeit, sie abzuschaffen und umzuändern, vor. Die Regierungen sehen sich genöthigt, mit dem Fortgange der Zeit und bei veränderten Umständen in ihren Gesetzen über besondere Gegenstände von weit geringerer Wichtigkeit Aenderungen zu treffen, thun dieses besonders, wenn dadurch ihr eignes Wohl, ihr und ihrer Angehörigen Interesse gefördert werden kann, warum sollte nicht das Volk eine Staatsverfassung, das Wichtigste, was für ein Volk existirt, ändern dürfen, wenn es sich offenbar zeigt, daß die Aenderung nothwendig ist?

Konnten z. B. wir Bremer nicht mit vollem Rechte auf eine Aenderung unsrer uralten, der Anarchie angehörenden Verfassung dringen und ist es nicht eigentlich unbegreiflich und unverantwortlich, daß sie nicht schon längst vor der Französischen Occupation mit Kraft gefordert worden ist, da sie dem Buchstaben nach den Senat unsers Freistaats zum absoluten Regierer machte, da sie einige hundert Bürger unsres Staats bevorzugte und tausende beeinträchtigte, da sie so manche Willkühr und Ungerechtigkeit enthielt, ja da sie die Bürger einen Eid leisten ließ, der nachher von Allen, vom hochweisen Senator bis zum kleinsten Bürger, nicht gehalten ward?

Haben 14 Männer, welche Anfangs 1831 von Seiten der Bürgerschaft mit dem ehrenvollen Auftrage bekleidet wurden, unsre Verfassung nach den Bedürfnissen der Zeit und der fortgeschrittenen Intelligenz der Menschheit umzuändern und neu zu gestalten, nicht große Verantwortung auf sich geladen, daß sie die hochwichtige heilige Arbeit vertrödelten? daß sie sich von dem Vorsitzer, dem Bürgermeister Smidt, wie Schulknaben behandeln, sich von ihm lange Ferien geben ließen, damit er nach Wien und Frankfurt reisen konnte, dort mit in der Schmiede zu arbeiten, das Deutsche Volk durch neue Ketten und verderbliche Ordonnanzen immer mehr zu knechten?

Als ich damals, nachdem mehrere Jahre verflossen waren, ohne daß die Verfassungsdeputation irgend etwas von sich hatte hören lassen, an die Pflicht mahnte, antworteten mir Mitglieder der Deputation, es sei jetzt gar nicht an der Zeit, unsre Verfassung zu ändern und neu zu gestalten. Oh! diese leidige Entschuldigung, also wäre es besser, zu warten, bis neue Blitze leuchten, bis neue Stürme die Länder durchtoben, bis vielleicht die Regierer vor der mächtigen Stimme des Volks zittern und beben und ein populus peccavi anstimmen?! Gott sei gedankt, diese Zeit brachte Deutschlands große Märzrevolution von 1848, indem das Deutsche Volk durch die Pariser Februarblitze aus seinem lethargischen Schlafe erweckt und gewaltig gemahnt ward, ein „jetzt oder nie, Alles oder Nichts" ertönen zu lassen und eisern daran fest zu halten. Dem Deutschen Volke fielen die Schuppen von den Augen und es erkannte, daß es, als 1830 die Blitze der Französischen Julirevolution so hell leuchteten und an Volkssouveränität mahnten, zu viel Vertrauen zu den Versprechungen der Machthaber gehabt, sich zu sehr vom Jesuitismus hatte umgarnen, bald darauf zu sehr durch äußere ungünstige Ereignisse, besonders durch den Fall Warschau's hatte erschrecken lassen. Im Sturmschritte eroberte es die Bollwerke, worin sich seit 18 Jahren der Absolutismus und die Aristokratie auf's Neue zur Knechtschaft des Volks befestigt hatten. Des Königs von Preußen freundlichen Worten an seine lieben Berliner ward mit Recht nicht getraut und des Bremischen Senats Wunsch, als am 8. März auf der Rathhausdiele die Bürger, ihr Recht fordernd, vor ihm standen, man möge ihm Zeit lassen, die Forderungen zu überlegen und einem Bürgerconvente zur Begutachtung vorzulegen, mit Recht nicht erfüllt.

Aber auf welchem Grunde ruht eine im Sturme errungene Verfassung? Die Untersuchung dieser Frage, geehrte Versammlung, gehört nicht hierher, wir gerathen sonst ganz von dem Wege ab, den wir uns für diese Stunde vorgeschrieben haben, nämlich zu untersuchen, ob Widerstand gegen bestehende Staatsgewalten und Empörung gegen Tyrannei in besonderen Fällen Rechtmäßigkeit zum Grunde haben könne und nachzuforschen, wie anerkannt rechtliche, angesehene und hochgelehrte Männer der Vor- und Mitwelt darüber dachten und denken, schrieben und schreiben. „Im klassischen Alterthume — schreibt Murhard — war kein Zwiespalt der Ansichten und Meinungen unter den Staatsgelehrten über die Frage, ob den Bürgern eines Staats das Recht zum Widerstande gegen die bestehende Regierung zustehen könne oder nicht. Daß ein einziger Mensch über dem Gesetze stehe und alle übrigen nach seiner Willkühr beherrsche, das, meinten die alten Staatsphilosophen, sei etwas, was durch kein Gesetz jemals habe zum Recht gemacht werden können; denn ein Gesetz, das alle andern umstoße, könne selbst kein Gesetz sein. In allen freien Staaten des Alterthums waren Widerstand und Empörung gegen jedes Staatsoberhaupt, das seine Gewalt zur Unterdrückung der öffentlichen Gewalt mißbrauchte, nicht nur erlaubt, sondern sie galten auch selbst für löbliche Thaten und rühmliche Unternehmungen." Lykurg führte, um die Macht und Willkühr der Könige zu beschränken, den Senat und das Ephorat ein; nach seiner weisen Einrichtung saß das Gesetz auf dem Throne und war der eigentliche König, nicht allein beim Könige, sondern auch beim Volke; o wie glücklich und blühend war Lacedämon, so lange es Lykurg's weise Gesetze befolgte und nie war das Königthum besser gestützt als während der Erhaltung der Gesetzgebung Lykurg's. Plato wollte nicht minder, daß der König nicht über, sondern **unter** dem Gesetze stehe; zu den Sizilianern, denen er dringend ein Königthum mit der Beschränkung Lykurg's empfahl, sagte er: Es soll die Freiheit neben der königlichen Gewalt bestehen und mit ihr verbunden werden, darum müsse auch das Gesetz über die Könige herrschen und sie richten, wenn sie etwas dagegen wollten. In manchen freien Staaten Griechenlands (schreibt ferner Murhard) war ausdrücklich durch Constitutionsgesetze des Staats jedem Bürger für gewisse Fälle im Voraus die Befugniß des Widerstands, der Gewalt und der Empörung gegen die Inhaber der öffentlichen Macht ertheilt. So war es z. B. bei den Atheniensern durch ein Gesetz des weisen Solon Jedem erlaubt, nicht allein einen Usurpator, sondern auch den Beamten, der nicht sogleich bei entstehender Gewaltherrschaft sein Amt niederlegte, zu ermorden, ja selbst Belohnung dafür versprochen. Schon die alten Kretenser hielten dafür, daß die letzte und beste Sicherheit der bestehenden Staatsordnung und Verfassung blos in dem Gebrauche der Urkraft des Volkes zu finden sei. Kam die Freiheit in Gefahr, so nahmen sie ihre Zuflucht zu einem Volksaufstande, den sie in diesem Falle für **gesetzlich** hielten; war der Usurpator vertrieben oder getödtet, dann ward die Ruhe sofort wiederhergestellt.

Wie die alten Griechen dachten und lehrten auch die alten Römer. Der Consul Lucius Valerius, dem der schöne Titel Publicola (Volksfreund) verliehen ward, ging in bemerkter Hinsicht noch weiter als Solon; er gab das Gesetz, daß wer eine Obrigkeit ohne Berufungsrecht an das Volk ernenne, nach göttlichem und menschlichem Rechte getödtet werde und seine Tödtung nicht als peinliches Verbrechen angesehen werden soll; er machte sogar, wie uns der Geschichtschreiber Livius berichtet, den Vorschlag, daß wer nach dem Throne trachte, mit Gut und Blut verbannt sein solle. Die Vertreibung des Tarquinius Superbus und die durch offene Gewalt bewirkte Abschaffung des Königthums galt stets bei den alten Römern und ihren berühmten Schriftstellern als eine rechtmäßige Handlung. Es war ein schöner Zug im Character der alten Römer, daß sie das offene Wort der Wahrheit zu ehren verstanden; wie sehr sie dieses auch bei ihren Feinden zu schätzen wußten, davon mag Folgendes als Beispiel dienen. Die Privernaten waren mehrmals von den Römern unterjocht worden, hatten sich aber eben so oft gegen

dieselben empört. Der Consul Plautius nahm endlich ihre
Stadt ein, nachdem ihr Oberhaupt Vitruvius mit einem großen
Theile ihres Senats und des Volks in den Gefechten umgekommen
war. In dieser Lage schickten sie Gesandte nach Rom, welche
um Frieden bitten sollten. Im Römischen Senate richtete man
an dieselben die Frage: welche Strafe sie verdient zu haben
glaubten. Da gab einer der Gesandten die schöne Antwort:
Die, welche solche verdienen, die sich für würdig halten, in
Freiheit zu leben. Der Römische Consul fragte ihn darauf,
ob man sich versprechen könne, daß sie den Frieden halten würden,
falls man ihnen das Geschehene verziehe. Der Gesandte ant=
wortete: si bonum dederitis, fidem et perpetuum; si malum
haud diuturnum (behandelt ihr uns gut, dann werden wir euch
stets treu bleiben, aber gewiß nicht länger, wenn ihr uns übel
behandelt). Der Römische Senat fand hierin die Sprache eines
der Freiheit werthen Mannes und Volkes, werth, Römer genannt
zu werden; nicht allein ward den Privernaten verziehen, sondern
man gewährte ihnen Alles, was sie verlangt hatten und erhob
sie zu Römischen Bürgern. Die Römer hielten es nicht für ein
Verbrechen, wenn ein unterdrücktes Volk alle Anstrengungen
wagte, seine Freiheit wieder zu erlangen, ja sie fanden darin
einen Beweis, daß ein solches, die Freiheit liebendes Volk auch
des Genusses der Freiheit werth sei. Wie ganz anders denken
und handeln die Gewalthaber unsrer Zeit. Hätte jener große
Welteroberer die Geschichte der Privernaten besser auswendig
und inwendig studirt, er hätte schwerlich auf St. Helena sein
thatenreiches Leben so traurig dahin welken sehen; aber in dem
Blute Palms, Finckes, Bergers und anderer Zeugen ihres
Vaterlandes tiefster Erniedrigung tauchten Deutschlands Söhne
ihre Waffen und mit der Losung Einer für Alle und Alle für
Einen! zerbrachen sie Frankreichs Ketten. Hätte nicht ein Con=
stantin, dieser furchtbare Russische Wütherich als Polens Statt=
halter die Polen auf das Entsetzlichste geknechtet und bei seiner
Grausamkeit alles menschliche Gefühl mit Füßen getreten, die
Revolution am 30. November 1830 wäre nicht erfolgt; sie
wäre glorreich beendet worden, wenn nicht Oesterreich und
Preußen Rußland so kräftig unterstützt und zu den Sünden des
vorigen Jahrhunderts neue des jetzigen hinzugefügt hätten.
Karl X. Ordonnanzen stürzten seinen Thron und Louis Philipp
säße noch darauf, hätte er sich nicht gegen sein Volk so un=
dankbar bewiesen, hätte er nicht sein 1830 so feierlich gege=
benes Versprechen, er wolle ein Bürgerkönig sein, gebrochen.
   Die Tyrannei der Fürsten und kleinen Regierer, die Willkühr
und die Grobheit der Beamten war es, welche 1830 das sonst
so lammfromme, demüthige Volk der Deutschen zu offnem Wider=

stande brachte und die Gewaltigen erzittern ließ. — Damals gaben sie gute Worte, gingen mit dem Volke, gaben demselben feierliche Versprechungen, sich zu bessern und bürgerliche Freiheit aufkommen zu lassen. Die gutmüthigen Deutschen glaubten, trauten ihnen, sahn sich aber bald entsetzlich getäuscht und die Kerker gefüllt mit Männern, welche es wagten, die Großen an ihre Eide zu erinnern. Wie ein zürnender Jupiter sandte von seinem Olympe zu Wien auf's neue Metternich ungestraft seine Blitze und fand mehr als einen Schmid bereit, in seiner Werkstätte Ketten zur Knechtung des Volks zu schmieden. Einer das Land aussaugenden Reichenbach, welche 1830 von den braven Hessen auf den Schub gesetzt ward, folgte bald eine einem Preußischen Lieutenant für eine Summe Geldes abgekaufte Frau an der Seite des Hessischen Regenten, Hannovers Ernst August stieß das Staatsgrundgesetz über den Haufen und jagte 7 hochgeehrte Professoren aus dem Lande, in Baiern ward mit dem Bilde des Königs Abgötterei getrieben, ruhige Reisende wie Itzstein und Hecker wurden in Berlin als die größten Missethäter behandelt und ungestraft ward in Leipzig, Cöln und andern Orten dem Militär Ordre gegeben, ruhige Bürger niederzuschießen. Ist es nicht zu verwundern, daß das Deutsche Volk so viele Jahre solchen Meineid, solche Gräuel duldete? Ist seine Revolution von 1848 nicht im hohen Grade rechtmäßig? Haben seine Gewalthaber nicht verdient, aus dem Lande gejagt zu werden? Ist der Wunsch nach Republik nicht gerecht? Blicken wir in die Schriften der berühmten Römischen Schriftsteller, so finden wir sie Alle in dem Punkte übereinstimmend, daß Widerstand und Empörung gegen die Tyrannei des Staatsoberhaupts erlaubt sei; so erklärten sie die Ermordung Julius Caesars für völlig rechtlich. Cicero, einer der eifrigsten Vertheidiger der bürgerlichen Freiheit, schreibt unter andern: Nenne mir einen größern Grund, Krieg zu führen als die Abwerfung des Jochs der Knechtschaft; denn wenn auch der Zwingherr die Knechtschaft nicht so drückend auf deinen Nacken legt, so ist doch des Elends schon genug allein in den Gedanken: Er kann es, wenn er will. — In seinem berühmten Werke de republica (2. 23) billigt es Cicero vollkommen und findet es preiswürdig, daß Lucius Brutus seine Mitbürger von dem drückenden Joche des Tarquinius Superbus befreite. Obgleich ohne Amt, sagt er, wurde Brutus die Stütze des ganzen Gemeinwesens; seinem Rufe sei das Volk willig gefolgt und habe beschlossen, den König seines Throns zu entsetzen und die Königswürde für immer abzuschaffen. — So sei jener edle Römer im Römischen Staate der erste gewesen, der gelehrt: in conservanda civium libertate esse privatum neminem — (jedem sei es gestattet, die bürgerliche Freiheit aufrecht zu erhalten.) — Dieser

Ausspruch des großen Redners hat späterhin viele Gegner und Vertheidiger gefunden. Zachariae, der berühmte Deutsche Schriftsteller des vorigen Jahrhunderts, nannte ihn „ein herrliches Wort" und mit vollem Rechte; denn in einem Staate, wo eine wohlgeordnete freie Verfassung des Königs Macht lähmt und des Senats Willkühr zügelt, wo der Einzelne auf Beeinträchtigungen der bürgerlichen Freiheit durch Wort und Schrift aufmerksam machen darf, wo man nach gesetzlichen auf Freisinnigkeit gestützten Formen, Vorschläge zu Reformen der Verfassung machen kann und darf, ist der Gedanke, für die Freiheit Märtyrerkronen zu erringen, Unsinn und das Opfer Fanatismus. —

Wie warm vertheidigt nicht Livius den Brutus, wie ist Cornelius Nepos so voll des Lobes für den Griechen Timoleon und entschuldigt dessen Brudermord. —

Timoleon ging (circa 320 Jahre vor Christi Geburt) in seiner Liebe zur bürgerlichen Freiheit so weit, daß er, als alle seine Vorschläge, seinen Bruder Timophanes vom Vorhaben sich zum alleinigen Beherrscher Corinths zu machen, fruchtlos blieben, er dessen Ermordung beschloß und ausführte oder vielmehr ausführen ließ. — So wie es dem Julius Brutus ein recht schwerer Kampf gewesen sein muß, seinen theuren und geliebten Pflegevater Julius Caesar, der großen Liebe, der Liebe zur Allmutter, dem Vaterlande zum Opfer zu bringen, so wird auch Timoleon, der sonst als Krieger, als Gesetzgeber und was mehr sagen will, als Mensch so ausgezeichnet in der Geschichte dasteht, der bis zu seinem Tode im hohen Greisesalter von seinen Zeitgenossen so hoch geehrt und geliebt ward, furchtbar mit sich selbst gekämpft haben, ehe er zur Sicherung der Freiheit seiner Mitbürger, den eignen Bruder zu tödten beschloß. — Noch im letzten Augenblicke, als er bereits mit einigen Bewaffneten vor ihm steht, bittet er den Bruder flehentlich, abzulassen von seinen herrschsüchtigen Begierden, aber Timophanes ist taub der so gerechten Bitte des Bruders, weist sie trotzig zurück; nun giebt Timoleon das Zeichen zur Ermordung, wendet sich ab und verhüllt sein Haupt. Obgleich Corinth die gräuelvolle That bewunderte und laut jubelte, daß es vom Tyrannen befreit war: so machte sich doch Timoleon bittere Vorwürfe und strafte sich selbst durch freiwillige Verbannung aus der geliebten Vaterstadt.

Wir haben uns vorhin zu der Englischen Geschichte gewandt und darin geforscht, wie ausgezeichnete Gelehrte und Staatsmänner das Thema vom Widerstande gegen Tyrannei und Willkühr behandelten; lassen Sie uns, geehrte Versammlung hören, was George Buchanan, ein berühmter Schotte, der unter der Regierung Jacob V. lebte und Erzieher eines Sohns des Königs war, über diesen Punkt urtheilt. Seine im Jahre 1576 herausgegebene

Schrift: de jure Regni apud Scotas, machte großes Aufsehen, erhielt ungemeinen Beifall und wird noch jetzt in Großbritannien hochgeschätzt. In dieser unvergleichlichen Schrift, sagt unter andern der berühmte Englische Rechtsgelehrte und Mitglied des Parlaments im Anfange unsers Jahrhunderts, Mackintosh, werden die Grundsätze der populären Politik und die Maximen einer freien Regierung mit einer Bestimmtheit aufgeführt, wovon man in früheren Zeiten nichts Gleiches, und in nachfolgenden nichts Vortrefflicheres gelesen hat. Buchanan sucht in derselben auf eine einleuchtende Weise darzuthun, daß es keine Verbindlichkeit für ein Volk geben könne, Tyrannen zu dulden, daß vielmehr den Völkern das Recht zustehe, gegen Fürsten, die ihre Bestimmung und Pflichten verkennen und in Tyrannen ausarten, aufzustehn und als öffentliche Feinde zu behandeln.

Siehst du Einen, der König heißt und nichts Königliches hat noch ist, sagt Buchanan, der nicht durch die geringste edle Eigenschaft aus der Menge hervorragt, wohl aber Tausenden und Tausenden in Allem nachsteht, der sein Volk nicht liebt, nicht ehrt, nicht pflegt und nicht beglückt und nur für Sich und die Seinen sorgt, nur stolzes und beschränktes Herrscherthum, nur seine Leidenschaften und Lüste, nur seine Gedanken und Launen, nur seine Eitelkeit und Willkühr will — und er hätte Scepter und Krone, und er säße in Purpur und auf dem Throne und er stammte von **Karl dem Großen** oder **Alfred dem noch Größern** ab, zu seinen Füßen lägen sieben Reiche und eine der ersten Weltstädte, und seine Heere deckten siegreich die Erde, seine Flotten die Meere und um ihn drehte sich in wundervollen Wirbeln ein glänzender Hofstaat mit Ministern und Generalen, mit Adel und Geistlichkeit, mit Gelehrten und Schönen, mit Spielen und Festen — so scheint es wohl, es wäre ein König; gleichwohl sieht er nur aus, wie einer, **ist's aber nicht**. Ich halte ihn für ein nicht zur menschlichen Gesellschaft gehörendes Wesen, das darum von diesen **ausgestoßen** werden sollte. Denn die menschliche Gesellschaft hat ihre vom Recht umschriebene Gränzmark. Es scheidet kein Fluß, kein Berg in diesem überirdischen Territorium. Das Recht ist die cyklopische Mauer, welche das menschliche Geschlecht umfängt. Diebe, Räuber, Mörder, Mordbrenner werden öffentlich bestraft und als Grund der Strafe giebt man an, daß sie die Schranken der menschlichen Gesellschaft überschritten haben. Wie verhält es sich mit Solchen, welche einmal in diese Schranken eintreten wollen, sich über dieselben hinaussetzen, sich so hoch dünkend, daß sie rühmen, jene Schranken nicht achten zu brauchen? Ich kann diese nicht anders als Feinde Gottes und der Menschen, als Widersacher des Rechts an sich ansehen; daher thut man

Unrecht, sie für Menschen zu halten. Sie sind keine Menschen, sie gehören in das Geschlecht der Thiere, der Wölfe oder anderer schädlicher reißender Thiere. Wer diese nährt und groß zieht, zieht sich und Andern den Untergang zu; wer sie tödtet, nützt sich nicht allein, sondern Allen seines Geschlechts. Von den Furien und Kakodämonen erzählen die Dichter, es seien dem menschlichen Geschlechte feindselige Geister, die, obgleich sie in stetem Umgange mit den Menschen schwebten, doch aus ihren Leiden und Qualen den innigsten Lebensgenuß, ihre Seligkeit schöpften — was sind die Tyrannen anders als Furien und Kakodämonen?

Der Fürst, der sich über das Gesetz erhebt, macht sich zum Tyrannen und sollte wie jeder andere Verbrecher nach den Gesetzen gerichtet werden; so wie das Gesetz die Handlungen des Einzelnen vom Volke richtet, so ist es auch gemacht worden, nicht allein dem Fürsten Macht und Ansehn zu geben, sondern auch um ihn zu leiten, zu richten. Das Gesetz stammt nicht von den Königen her, es ist mächtiger als der König und gleichsam die Seele, die in ihm herrschen und seine Handlungen bestimmen soll. Er selbst ist nur durch das Gesetz und mit dem Gesetze König, ohne das Gesetz und außer demselben Tyrann.

Wenn das Volk sich durch die feierlichsten Eide zum Gehorsam gegen Fürst und Obrigkeit verpflichtet hat, so sind diese nicht minder gegen das Volk verpflichtet. Zwischen beiden besteht eine wechselsweise Verbindlichkeit, ein gegenseitiger Vertrag. Hält daher Einer nicht Wort und handelt er anders als er versprochen hat, dann bricht er den Vertrag und hebt selbst die Uebereinkunft auf. Davon wollen aber die Aristokraten und Absolutisten nichts wissen, sie lehren fort und fort „Jedermann sei unterthan der Obrigkeit, die Gewalt über ihn hat" und zeigen stets auf dieses Wort des Apostels hin. Würde derselbe aber wohl, wenn man ihn, nachdem er diese Worte niedergeschrieben, gefragt hätte: „wer aber ist unterthan dem Gesetze?" Anderes habe antworten können, als: Jedermann, nicht allein das Volk, sondern auch Fürst und Obrigkeit sind unterthan dem Gesetze, das Gewalt über sie hat?

Bei einem Volke des Nachdenkens, des Sinnens und Forschens, bei dem Volke unsres Deutschen Vaterlandes darf man wohl erwarten, daß es einem so wichtigen Thema, wie das des Staats- und Volksrechts eine besondere Aufmerksamkeit gewidmet hat, daß es von jeher die Frage wegen der Pflichten der Regierer und der Grenze ihrer Gewalt, wegen der Verbindlichkeit der Regierten und der Grenze ihrer Geduld von allen Seiten untersucht und erörtert hat. Kein Land der Erde ist von jeher zu gleicher Zeit von so vielen unumschränkten Fürsten regiert worden, als

Deutschland, daher giebt es auch kein Land, wo so viele Grade und Würden, Orden und Titel zu vertheilen waren, als in Deutschland; man sollte daher denken, daß die Zahl derer, welche Absolutismus, Aristokratie vertheidigten, blinden Gehorsam der Unterthanen vorschrieben und jeden Widerstand von Seiten des Volks bestritten, ungleich größer sei, als die Zahl derer, welche das Gegentheil lehrten; aber das ist gottlob keineswegs der Fall; so klein, so sehr klein die Zahl derer ist, welche das „Jedermann sei unterthan der Obrigkeit, die Gewalt über ihn hat", buchstäblich machen und eine durch nichts beschränkte höchste Staatsgewalt vertheidigten, so sehr groß ist die Zahl eminenter Köpfe, hochgeachtet wegen ihrer Gelehrtheit und ihres Characters, welche bürgerliche Freiheit vertheidigten und dem Volke das Recht einräumten, durch positiven Zwang Widerstand zu leisten; nicht allein durch ungemeine Ueberlegenheit an Zahl, sondern auch mehr noch durch Klarheit der Begriffe, da sie heller sehen durch Unpartheilichkeit, da sie nicht wie meist jene um die Gunst der Fürsten, um Orden und Titel buhlten, durch Rechtlichkeit, da sie mehr als jene an Gottes Liebe und Allmacht dachten, besser als jene das Wort der heiligen Schrift verstanden und auslegten, mehr als jene auf den Richter im Innern, auf des Herzens Schläge hörten und den Menschen als Menschen, als Bruder betrachteten, schlugen sie von jeher ihre Gegner aus dem Felde und pflanzten siegreich, gestützt von der öffentlichen Meinung das Panier der bürgerlichen Freiheit auf. Zwar wurden die Schriften der großen Gelehrten, welche die Rechte der Völker vertheidigten, oftmals auf allerhöchsten Befehl öffentlich durch Henkers Hand verbrannt, aber Legionen Phönixe stiegen aus den Flammen empor und lagerten sich auf die Herzen der Menschen, mit Muth sie zu stählen, mit Begeisterung sie zu erfüllen, sie hoch schlagen zu lassen für Recht und Gerechtigkeit, für Wahrheit und Freiheit.

Selbst die bedächtigsten älteren deutschen Staatsrechtslehrer vertheidigten das Widerstandsrecht von Seiten des Volks und des einzelnen Bürgers gegen Tyrannei und Willkühr der Gewalthaber. Sie stützten sich dabei darauf, daß das Volk bei einer rechtlichen Auslegung des bürgerlichen Unterwerfungsvertrags, ohnmöglich dafür angesehen werden könne, als habe es sich des angebornen Rechts der Selbstvertheidigung gegen Zugrunderichtung begeben; diese Meinung rechtfertigten sie dadurch, daß der Fürst bei Ausübung der Tyrannei so stillschweigend auf die Regierung verzichte, da sich die Absicht, das Volk zu unterdrücken und so den Staat zu Grunde zu richten mit der Absicht, Regent des Staats zu bleiben, nicht vereinbaren lasse. Es würde uns zu weit führen und die schnell dahineilende Stunde erlaubt es nicht, wenn wir die Deutsche Geschichte früherer Jahrhunderte nachschlagen wollten; lassen Sie uns daher nur die Gelehrten des vorigen Jahrhunderts und der neuern Zeit aufsuchen, welche die bürgerliche Freiheit und Volksrechte in Schutz nehmen; sie alle gehörig zu bezeichnen, dazu wäre eine Stunde bei weitem nicht genügend, darum wollen wir nur auf einige hinweisen. Ein Blick auf die Universitäten zeigt uns eine Menge achtbarer Professoren, welche als Lehrer des Natur= und Staatsrechts sich ohne Scheu zu der Lehre von dem jus resistendi, dem Widerstandsrechte, bekennen. So im Anfange des vorigen Jahrhunderts in Jena der Professor Buddeus, in Ingolstadt der Professor Zoarettus, in Salzburg der Baptist Fickler, in Greifswalde Poltherius, welche in ihren Schriften mit kräftigen Worten das thätliche Widerstandsrecht eines Volks gegen fürstliche Tyrannei und obrigkeitliche Willkühr vertheidigten. In seinem Discours über das Natur= und Völkerrecht, lehrte der geheime Rath und Professor Gundling in Halle, dem die Universität so viel zu danken hat, daß derjenige, dessen Rechte beleidigt werden, im Naturzustande denselben Zwang anwenden dürfe, selbst bis zur Tödtung des Beleidigers. Im Staate müsse freilich der Beleidigte seine Zuflucht zur Obrigkeit nehmen, damit diese seine Rechte schütze; könne oder wolle aber die Obrigkeit nicht helfen, dann gelte jene Regel auch im Staate und wäre der Angreifer ein Fürst, so könne vom strengen Rechte nichts nachgelassen werden, um so weniger, da jener verbindlich sei, seine Unterthanen zu schützen und sie nicht zu beleidigen. Der Kurfürstl. Sächsische Hof= und Justizrath Glosey trat gegen die Behauptung des Hugo Grotius, daß es keinen gerechten Krieg zwischen Obrigkeiten und Unterthanen geben könne, in die Schranken. Wenn ein Fürst, schreibt er in seinem Buche „das Recht der Vernunft", sich zum Tyrannen aufwirft, dann wird er ipso facto seiner Oberherrschaft verlustig, die Unterthanen kehren dann in ihren Natural=Zustand zurück, in welchem ihnen kein Mensch das Recht der Waffen absprechen wird. So bestritt der Freiherr von Wolff den Regenten das Recht, sich bei ihren Handlungen über die natürlichen und göttlichen Gesetze hinwegzusetzen. In der Mitte des vorigen Jahrhunderts lehrten Gunnerus, Achenwall, Scheidemantel, Wedekind, hochgeschätzte Gelehrte, deren Schriften mehreremale neu aufgelegt werden mußten, daß die Monarchie eines Fürsten, und wäre er mit unumschränkter Gewalt bekleidet, doch natürliche Schranken der Majestät habe, er dürfe nicht das Naturrecht übertreten und wider den letzten Endzweck des Staats handeln, daß das Volk befugt sei, seine Rechte mit Gewalt gegen den Regenten zu vertheidigen, auch nach Beschaffenheit der Umstände ihm seine Macht zu nehmen und zu entthronen, wenn andre gelinde Mittel umsonst versucht worden. So erklärte sich noch gegen Ende des vorigen Jahrhunderts Höpfner, dessen Naturrecht der einzelnen Menschen, der Gesellschaften und der Völker als Kumpendium in den Hörsälen der meisten Deutschen Universitäten eingeführt ward, für das Recht des Widerstandes und der gelehrte von Eggers nimmt in seinem vielgelesenen Lehrbuche „das natürliche Volksrecht" (Seite 219) auch im äußersten Falle das Recht der Empörung und der Thronentsetzung des seine Gewalt zu arg mißbrauchenden Fürsten in Schutz. Noch kräftiger als beide eifert Schlözer, dieser berühmte Geschichtsforscher und Professor zu Göttingen (starb 1809) in seinen Schriften gegen die Lehre vom passiven Gehorsam und die von den Vertheidigern des göttlichen Rechts der Fürsten an deren Unterthanen gestellte Forderung, sich Alles, selbst die ärgsten Unbilde ohne Widersetzlichkeit gefallen zu lassen. In seinem allgemeinen Staatsrechte (S. 193) schreibt er: es giebt kein Verbrechen beleidigter Majestät in der Bedeutung der Neronen; es giebt keinen passiven Gehorsam im Stuartischen Verstande. Diese Lehre hat die Stuarte einen der schönsten Throne der Welt gekostet. Wohl aber giebt es im Falle hoher Evidenz ein droit de résistence gegen Usurpatoren und Tyrannen. Das Volk darf widerstehen, zwingen, absetzen, strafen; alles nach dem Begriffe eines Vertrags überhaupt. — Das Volk hat diese Rechte, sagen zwar manche alte Staatsrechts= lehrer, aber es darf sie nicht mehr ausüben. Welcher Wider= spruch! Alle Völker der Welt haben diese Rechte ausgeübt. Blos Appellationen an das Publikum helfen selten, die ans jüngste Gericht noch seltener.

Ludwig Heinr. Jacob bekämpft in seiner freimüthigen Schrift Antimachiavel wacker und siegreich die von Kant und Gentz versuchte Aufstellung eines unbedingten und leidenden Gehorsams, ebenso genau als scharf bezeichnet er die durch die Natur des Staats selbst bestimmten Grenzen des bürgerlichen Gehorsams, soviel in uneingeschränkten als eingeschränkten Staaten. Wenn der Fürst, so schreibt er, den Staatszweck offenbar verkehrt, wenn er sogar die vereinigten Kräfte der Unterthanen zu der Vernich= tung desselben verwendet, sollen die Unterthanen nicht aufhören, ihm zu gehorchen? können sie, wenn der Souverän ruft: zerstört den Staat! mordet euch unter einander selbst, bis keiner mehr übrig ist! — immer noch verbunden sein zu gehorchen? Sind sie blos zu entschuldigen, wenn sie dem Ungeheuer Wider= stand leisten? Haben die Unterthanen kein Recht, dann sind sie Verbrecher, wenn sie nicht folgen; dann ist der Spießgesell eines Tyrannen der allertreueste Unterthan und der rechtschaffenste Bürger! Eine solche Lehre der Absolutisten ist Unsinn. Es giebt Fälle, wo der Unterthan nicht allein ein Recht hat, der Obrigkeit Gehorsam zu verweigern, sondern es auch seine Pflicht ist, sich thätig zu widersetzen, wenn erwiesen ist, daß willkührliche, tyrannische Befehle der Obrigkeit nicht auf Irrthum beruhen, wenn Belehrung nicht gefruchtet hat, wenn Vorstellungen und Bitten umsonst gewesen sind. Nicht minder räumen Hufeland und Heidenreich in ihren Schriften den Völkern die Befugniß zum Aufstande gegen Fürst und Obrigkeit ein, wenn diese ihrer Bestimmung zuwider handeln.

In seiner Schrift: Ueber das Recht des Volks zu einer Revolution nimmt der Dr. Erhard das Zwangsrecht der Unterthanen gegen die Obrigkeit aus moralischen Gründen in Schutz. Wir finden darin folgende merkwürdige Stelle: Wenn die Vertheidigung meiner Menschenrechte Grund zu einem Unternehmen gegen die bestehende Staatsgewalt wird, dann brauche ich mich nicht auf die Untersuchung seiner politischen Möglichkeit einzulassen; ich bin schuldig meine Menschenrechte zu behaupten, was auch der Erfolg sein mag. Leide ich unschuldig, weil man mich für schuldig hält, oder auch nur so darzustellen sucht, dann kann ich durch Geduld am besten meine Unschuld zeigen und ruhig abwarten, bis ich Gerechtigkeit, und sei es auch erst von der Nachwelt, erlange. Sokrates hatte darum Recht, nicht aus dem Kerker zu entfliehen. Werde ich aber willkührlich ohne alle Rechtsform mißhandelt, dann kann und soll ich Alles thun, um mich und Andere, denen gleiche Behandlung droht, aus diesem Zustande zu erretten. Ich darf die Ungerechtigkeit laut rügen, die an mir begangen wird, und Jedermann auffordern, mit mir die Würde der Menschheit zu vertheidigen, und Alles anwenden, mir die zu diesem Aufruf nöthige Freiheit zu verschaffen. Muß ich dennoch unterliegen, sind die Menschen taub für ihre Rechte, dann habe ich keine Schuld auf mir. Eine Insurrection, die aus Interesse für das Recht an sich entsteht, die die Menschenrechte überhaupt geltend zu machen sucht, ist heiliger Art, ist ein Triumph der Menschheit: aber sie setzt schon einen sehr hohen Grad der Bildung und Gesittung bei einer Nation voraus.

In seinem Anti Hobbes hat von Feuerbach siegreich die von monarchischen Absolutisten besonders von Hobbes und seinen Anhängern behauptete Unwiderstehlichkeit des Staatsoberhaupts bestritten und folgerecht gezeigt, wie und wann die Ausübung von Gewalt der Staatsbürger gegen Fürst und Obrigkeit gerecht oder ungerecht sei. Hat das Staatsoberhaupt, so schreibt er, schon mehrmals die vollkommenen Rechte des Volks gekränkt und seinen Tyrannenwillen bewiesen, die Rechte des Volks mit Füßen zu treten, dann ist auch nicht der geringste rechtliche Grund vorhanden, welcher das Volk abhalten könnte den Regenten mit einer Strafe zu drohen und sie an ihm bei wiederholten Rechtsverletzungen zu vollziehen.

Die ersten 30 Jahre unsres Jahrhunderts zeigen uns nicht minder zahlreiche Vertheidiger der bürgerlichen Freiheit und des Widerstandsrechts in achtungswerthen Gelehrten, als Buchholz, Bauer, Egger, v. Haller, Fries, Klüber, Weitzel, Krug, Jordan, Pölitz, Zachariä, lauter bedeutende Namen, deren Urtheile großes Gewicht zu Gunsten des Volksrechts schon vor der Julirevolution in die Waagschale legten. Troxler sagt in seiner philosophischen Rechtslehre 1820, daß die Rechte der Unterthanen, die bürgerlichen Rechte nichts Anderes seien, als die Kehrseite der Rechte der Oberherren, der politischen Rechte, daß beide das constitutionelle Verhältniß der oberherrlichen und der unterthänigen Staatsbürger unter einander zu bewachen und zu bewahren hätten. Als Mittel dazu zeigt er uns 4 Mittel: 1) **das Recht der Einsicht in die allgemeinen Angelegenheiten**, damit die Staatsbürger sich überzeugen können, das die Staatsgewalt der Zweck und der Verfassung des Staats gemäß ausgeübt und angewandt werde; 2) **die Freiheit der öffentlichen Meinung, vorzüglich der Presse**, als ihres wichtigsten Werkzeugs, um die Wahrheit über wichtige Gegenstände zu entwickeln und zu verbreiten und die Regierung selbst über die Interessen des Volks zu belehren, sowie sie zur Heilighaltung des Rechts zu bestimmen und zu wohlthätigen Unternehmungen anzuregen; 3) **das Recht der Beschwerden, das sogenannte Petitionsrecht** und 4) **das Recht des Widerstandes**, wonach der Bürger die Befugniß hat, sich zu widersetzen, falls die Regierung seine allgemein anerkannten Rechte antastet.

Wollte ich Ihnen, geehrte Versammlung, die Stimmen alle bezeichnen, welche seit der ewig denkwürdigen und ewig glorreichen Französischen Julirevolution so laut und so kräftig das Widerstandsrecht von Seiten des Volks vertheidigt haben, oh, dann könnte ich noch lange hier sitzen, müßte noch für lange Zeit Ihre Geduld in Anspruch nehmen; es ist nicht nöthig, denn wer von Ihnen hätte nicht in unsrer noch viel bewegteren Zeit diese oder jene Schrift angesehener Gelehrten und selbst bedeutender Staatsmänner gelesen, worin mit ebenso vieler Kraft als hellem Verstande, mit ebenso viel Wahrheit als Unparteilichkeit die Regierer an ihre Pflichten gemahnt, Regierte auf ihre Rechte aufmerksam gemacht und die Theorien des Absolutismus siegreich bekämpft werden. Wer hörte nicht von unsers wackern Pastor Dulons herrlicher Schrift: „Vom Kampf um Völkerfreiheit" oder las nicht in derselben, sie ist so neu, so allgemein verbreitet, daß ich wohl nicht nöthig habe, daraus Mittheilungen zu machen. Zwar reicht ihnen nicht der gnädige Fürst die Hand zum devoten Kuß, aber an ihren Herzen schlägt so oft Mitgefühl des dankbaren Mitbürgers; zwar empfangen sie kein Belobungsschreiben, von allerhöchster Hand unterzeichnet, aber manches Wort vom Vaterlandsfreunde, vom Herzen der Feder dictirt; zwar müssen sie auf Titel und Orden, nach welchen fast alle aristokratischen Fürstenschmeichler gingen, verzichten, aber aus manchem Bürger= und Volksvereine empfangen sie den Tribut dankbarer Anerkennung. Hat der Pokal aus dankbarer Mitbürger Hände nicht größeren Werth als das Ordensband im Knopfloche? Perlet der Wein, kredenzt von der Liebe und Hochachtung unsrer Mitbürger, nicht heller als der Brillant auf fürstlichen Tabatieren? Klingt der Name Patriot nicht melodischer und hat er nicht ungleich größere Bedeutung als Hofrath und Geheimrath, Kammerrath, Ordensrath und wie all der Unrath heißt? Ein freundliches Ständchen der Liebe und Anerkennung ist dem Herzen und dem Ohre wohlthuender als der Trommelwirbel eines Regiments der Söldlinge.

Lassen Sie mich von den vielen Kämpfern für Freiheit und Recht der neuen Zeit noch 4 bezeichnen, deren Namen gewiß in Ihrer Aller Herzen mit Hochachtung eingepflanzt sind. Friedr. Carl von Strombeck, Braunschweigs geistreicher Staatsgelehrte hat die wichtige Frage, warum und inwiefern Widerstand und Aufstand des Volks gegen den Fürsten zu rechtfertigen sei, in seiner viel gelesenen Schrift: Was ist Rechtens, wenn die oberste Staatsgewalt dem Zwecke des Staatsverbandes entgegenhandelt? mit Scharfsinn erörtert und mit Freimuth beantwortet. Er behauptet darin, und wer wollte ihm nicht beistimmen, daß wenn der Regent des Staats seine Pflichten nicht erfülle, wenn er dem Staatszwecke entgegenhandle, statt es zu fördern, wenn er Ungerechtigkeit ausübe, die Bösen beschütze, die Guten verfolge, Staatsgüter sich zueigne, lasterhaft lebe, dem Laster die Herrschaft verschaffe, wenn er die Verfassungsgesetze willkührlich umstoße, so bricht er die Treue, welche er seinem Volke schuldig ist, und dann ist auch dieses von der beschwornen Treue entbunden. — Ein Tyrann ist ein Feind der Menschheit und gegen einen Fürsten, der zum Tyrannen wird, tritt diese in den Zustand der Nothwehr; kann er nicht unschädlich gemacht werden, so tritt das äußerste Hülfsmittel ein. —

In seinem Werke „Die staatsbürgerlichen Garantien" sagt Ludwig Hoffmann, die Vernunft, diese Stimme Gottes spricht in uns: Nicht der Monarch, sondern das gesammte, in einem rechtlichen Zustande vereinte Volk ist berechtigt, die Statuten des Vereins, die Staats= und Regierungsverfassung und die Bedingungen der höchsten Staatsgewalt festzusetzen, der Fürst ist nur für das Volk da und die ihm zustehende Gewalt ist nur eine Institution im Interesse des Volks. Sie, die Vernunft, erklärt unbedingt, daß das Ober=

haupt des Staats, die Rechte, welche Gott jedem Menschen gab und die, welche aus dem Zwecke des Vereins hervorgehen — die staatsbürgerlichen Rechte — nicht anfechten, noch weniger vernichten darf, sondern daß es seine Pflicht sei, sie zu achten und zu schützen.

Das Gesetz Gottes, in unsere Brust eingeimpft, befiehlt uns nicht, einen Caligula oder Nero, einen Heinrich VIII., eine Maria, einen Karl IX., einen Philipp II. und viele andere Monarchen, welche die Geschichte wegen Mißbrauchs der Gewalt ächtet, zu dulden, wenn sie auch geduldet wurden. Ein Fürst darf nicht die Unverletzbarkeit seiner Person in Anspruch nehmen, um die Unterthanen, die nicht geschaffen sind, um seinetwillen elend zu sein, zu Werkzeugen seiner Laune, seines Fanatismus, seiner Leidenschaften oder auch seines Stumpfsinnes zu mißbrauchen. Hoffmann hält gegen einen Fürsten, der die Rechte des Menschen und des Bürgers mit Füßen tritt, jeden gewaltsamen Widerstand, jede Empörung, von der Gesammt= heit oder der großen Mehrheit des Volks bewirkt und unmittelbar von ihr ausgegangen, für gerechtfertigt.

Karl Theodor Welcker, dieser früher so muthvolle, unermüdliche Kämpfer für die Freiheit der Presse, äußert in seinen letzten Gründen von Recht, Staat und Strafe (S. 67): Niemand möchte weniger Empörungen und Revolutionen zu billigen geneigt sein als ich; denn höchst selten gewinnt ein Volk bei Revolten, ist es der Knechtschaft nicht mehr oder minder würdig, so wird es so leicht nicht hineinfallen, aber unvermeidlich in dieselbe zurücksinken, wenn es wie Rom nach Cäsars Er= mordung der Freiheit unfähig ist. Wenn man aber den Bürgern, so lange sie noch Menschen sind, ihre Menschheitsrechte rauben will, dann mögen sie thun, was ihr Gewissen sie lehrt; wenig= stens ist ihnen besser zu fallen, als in erniedrigender Knechtschaft zu leben.

Karl von Rotteck, dieser Felsenmann in Sturm und Ungewitter, der Aristokraten Dorn, des Volkes Schirm und Hort, der hinter einer Phalanx von Ehrenbechern tausender dankbarer Zeitgenossen aus allen Deutschen Landen muthig den Blitzen des Absolutismus entgegenschaute, handelt in dem zweiten Bande seines Lehrbuchs des Vernunftrechts und der Staatswissenschaften von der Heiligkeit der Staatsgewalt und von blindem Gehorsam. Er setzt die Heiligkeit der Staatsgewalt als Gewährleisterin alles Rechts und alles Wohls gründlich auseinander, lehrt, wie sie Ehrfurcht gebietend sei und wie ihre Verletzung als strafbarer Frevel erscheine. Gleichwohl, spricht er weiter, lassen sich Fälle von so wichtiger empörender Natur denken, daß eine Selbst= vertheidigung rechtlich erlaubt oder entschuldbar, oder auch, daß eine Appellation an die Gesammtheit, d. h. eine Aufforderung zur Hülfeleistung durch Wort oder durch voranschreitende That und Beispiel, räthlich, ja für die Gesammtheit selbst wohlthätig erscheinen mag. Die Namen eines Phalaris und Nabis, Nero und Commodus, Valentinian III., Justinian II., Karl IX., Erich XIV. ꝛc. sind noch nicht verwischt aus dem Buche der Geschichte. Wohl wird Europa hinfort durch seine Civilisation bewahrt bleiben vor solchen Gräueln; aber wenn dergleichen Gräuel die Nation selbst zum Aufstand gegen die Regierung bringen und einmal erhellt, daß die Majorität daran Theil nehme, dann verwandelt sich der Aufruhr in Bürgerkrieg und es giebt, wie immer das Waffenglück entscheide, keine Schuldige mehr, sondern nur Besiegte noch.

Sie könnten es, geehrte Versammlung, einer ungerechten Absicht unterlegen, daß ich beim Aufsuchen der gelehrten Männer unsers deutschen Vaterlandes nur in der Geschichte des vorigen Jahrhunderts und unserer Zeit geblättert habe; denn hätte ich mehr rückwärts geschaut, dann hätte ich nothwendig auf einen Mann kommen müssen, der nicht allein als einer der geistreichsten und fruchtbarsten Schriftsteller bekannt ist, sondern auch dessen Name von der ganzen civilisirten Christenheit mit Bewunderung und Ehrfurcht genannt wird, dessen Wort und Urtheil so unendlich viel gilt, den Dr. Martin Luther, von dem doch bekannt sei, daß er in seinen Schriften gewaltig gegen thätlichen Widerstand der Völker gegen die Fürsten geeifert habe. Allerdings hat er dieses gethan und wir sind es diesem großen Mann, nach dem Millionen dankbar sich nennen, wohl schuldig, daß wir von den deutschen Gelehrten früherer Zeit ausnahmsweise einen Augenblick bei ihm verweilen. Indem Luther jedes Unternehmen einer Empörung von Seiten des Volks gegen die bestehende Obrigkeit verwirft, stützt er sich auf sittlich religiöse Grundsätze; er zeigt auf das viele Unglück hin, welches im Gefolge solcher Empörung zu sein pflegt und hält sie an sich für unrechtlich, indem man dem Volke niemals ein Recht zustehen könne, sich eigenmächtig bei den Handlungen der Regenten zum Richter aufzuwerfen.

Im 10. Bande seiner Werke (S. 592) schreibt er in der ihm so eigenthümlichen Kraftsprache Folgendes: Obrigkeit ändern und Obrigkeit bessern sind zwei Dinge, so weit von einander als Himmel und Erde. Aendern mag leichtlich geschehen, bessern ist mißlich und gefährlich. Warum? es stehet nicht in unserm Willen und Vermögen, sondern allein in Gottes Willen und Hand. Der tolle Pöbel fragt nicht viel, wie es besser werde, sondern nur daß es anders werde. Wenn es denn

ärger wird, so will er es abermals anders haben.
So kriegt er denn Hummeln für Fliegen und zuletzt Hornisse
für Hummeln. Und wie die Frösche vor Zeiten auch nicht den
Klotz mochten zum Herrn haben, kriegten sie den Storch dafür,
der sie auf den Kopf hackte und fraß sie. Es ist ein verzweifelt
Ding um einen tollen Pöbel, welchen Niemand sowohl
regieren kann, als die Tyrannen; dieselben sind der
Knüppel, den Hunden an den Hals gebunden. Sollten sie auf
bessere Weise zu regieren sein, Gott würde auch andere Ordnung
über sie gesetzt haben, denn Schwert und Tyrannen. Wie sehr
aber derselbe Luther durch Wort und Schrift oft mit kräftigen
Ausdrücken gegen den Mißbrauch, den die Machthaber mit ihrer
Gewalt treiben, angedonnert hat, ist Ihnen ja Allen bekannt.

So sehr auch Luther Empörungen, selbst bei schrecklichem
Drucke, verwarf, so fand er sich doch selbst durch den Reichs-
abschied vom Jahre 1530 zu der Erklärung bewogen, daß er
„unter den gegenwärtigen Umständen" einen Vertheidigungskrieg
nicht für einen Aufruhr, sondern für Nothwehr, und mithin
als solche für erlaubt halte. Die Bibel, dieses Buch der Bücher
mit seinem unüberschwenglichen Reichthum und herrlichen Gedanken und Lehren ist von jeher von vielen Menschen auf eine
entsetzliche Weise gemißbraucht worden, so daß Shakespeare in
seinem „Kaufmann von Venedig" nicht mit Unrecht sagt:

„Merk' dir's, Bassano, der Teufel selbst
Führt oft zu seinem Zweck die Bibel an.

Von jeher haben eigensüchtige, despotische Machthaber Stellen
aus der heiligen Schrift benutzt, um mittelst derselben vom Throne
herab im Namen des Christenthums unbedingten Gehorsam zu
predigen und an ihnen knechtisch zugethanen Dienern der Religion
hat es leider nicht gefehlt, welche das fürstliche Wort mit auf
die Kanzel nahmen und die leichtgläubige Menge, welche des
Predigers Wort, besonders von der Kanzel herab, für unumstöß-
liche Wahrheit zu halten pflegt, lehrten, die Obrigkeit sei eine
heilige Person, Alles was sie thue, sei recht, Alles was sie
anordne, sei weise, ihr zu widersprechen, sei unrecht, ihr zu
widerstehen, sei verbrecherisch. Solche Religionslehrer haben die
Machthaber gerne, nicht aber die, welche ihnen ins Gewissen
reden, welche ihnen zeigen, wie das Christenthum, welches
sie üben und predigen lassen, nur Heuchelei sei, welche
sie als Menschen hinstellen, welche sich den Forderungen der
Religion und den Geboten Gottes zu unterwerfen haben. Das
Evangelium ist da, die Menschheit zu erheben, nicht sie nieder-
zutreten, die Menschheit zu beglücken, nicht zu verderben, zu
befreien aus Schmach und Elend, nicht zu fesseln in Banden
des Uebermuths und der Willkühr; es will, daß die Menschen

als Brüder sich lieben, nicht feindselig und despotisch sich bekriegen sollen; bedeutet doch das Wort Evangelium in seiner Ursprache: frohe Botschaft; darum ihr Boten des Evangeliums, bringt der Menschheit frohe Botschaft, versöhnet die sich so schroff gegenüberstehenden Parteien; Niemand hat dazu mehr Kraft, Geschick und Vollmacht als ihr, naht euch dem Throne, lehrt Wahrheit, zeigt wie die christliche Religion die innigste Freundin der bürgerlichen Freiheit sei, wie ihre Grundlehre jede Despotie verwirft, wie das "Jedermann sei unterthan der Obrigkeit, die Gewalt über ihn hat" nicht wörtlich genommen, nicht gemißbraucht werden darf, wie hundert Stellen des alten und neuen Testaments klar und deutlich zeigen, daß Fürst und Obrigkeit des Volks wegen da sind, daß das Gesetz über sie stehe, daß Widerstand von Seiten des Volks rechtlich sein könne, daß weder der große Stifter der christlichen Religion, noch seine Apostel einen rein leidenden, knechtischen Gehorsam gegen die Inhaber der höchsten Staatsgewalt gelehrt hätten, daß Paulus jene Worte nicht geschrieben habe, die Menschheit in Sclaberei zu erhalten, nicht zum Umsturz, sondern zur Verbesserung des Gemeinwesens, keineswegs um einen Nero über alle Gesetze und jede Strafe zu erheben, keineswegs um die Herrschaft eines einzigen grausamen Sterblichen zu befestigen.

Die christliche Religion will die Menschen glücklich, sittlich gut und geistig gebildet machen; sie will im Namen Gottes Frieden auf Erden gefördert wissen; damit nun die Menschheit zu dieser schönen Himmelsgabe gelange, verpflichtet sie dieselbe zu einem Kampf gegen friedenstörende Unvernunft, gegen rohe Gewalt und Leidenschaft und bietet dazu die Waffen der bürgerlichen Freiheit, sie verpflichtet zu einem Kampf gegen Unwahrheit und Unrecht und bietet dazu die Waffen der Wahrheit und Gerechtigkeit, sie verpflichtet zu einem Kampf gegen Irrglauben und Finsterniß und bietet dazu die Waffen des Lichtes und der Aufklärung, sie verpflichtet zu einem Kampfe gegen Despotie und Willkühr und bietet dazu die Waffen des Gesetzes und der freien Verfassung. Weder Christus noch seine Jünger haben einen passiven Widerstand geleistet, drum erklärt die christliche Religion den passiven Widerstand für unsittlich, für irreligiös; denn er fördert nicht Liebe, sondern gleißende Grausamkeit, nicht Friede, sondern Krieg gegen das Wohl der Menschheit, nicht Christenthum, sondern schändlichen Götzendienst.

Es ist ein thörichter Wahn der Machthaber, die Völker zu Empörungen geneigt zu halten, ihr und ihrer Diener böses Gewissen nährt diesen Irrthum. Die Weltgeschichte lehrt uns, wie sich die Völker oft unglaublich viel gefallen lassen, wie lange Zeit sie ein israelitisches Joch oft geduldig tragen, ehe sie sich ermannen, ehe sie sich gegen die höchste Staatsgewalt erheben; denn sie wissen recht gut die Gefahren, die ihrer warten. Fast jeder Mensch liebt häusliche Ruhe, sieht ungern sein Glück, seine Sicherheit gefährdet, auch übt die Gewohnheit eine allzugroße Macht über ihn. Jürgens in seiner trefflichen Schrift: „Ueber die Nothwendigkeit durchgreifender Reformen", 1831 giebt darüber gründliche Belege; er zeigt hin auf die Römer unter den Kaisern und die Portugiesen unter Don Miguel. Kann man einem Volke, das von der Nothwendigkeit gedrängt wird und sich noch edel genug fühlt, nicht die Schmach der Knechtschaft zu ertragen, es verargen, wenn es das Widerstandsrecht ausübt? Der bloße Leichtsinn macht keine Revolution, wenn er sich unüberlegt in ihr Gefolge mischt. Ein Volk, das sich zu diesem Aeußersten entschließt, muß das Aeußerste erduldet haben. So lange auf dem Straube, wo des Bürgers Hütte steht, noch Hoffnung ist, wird dieser sich nicht auf die empörten Wogen flüchten, die Stürme peitschen.

Und wahrhaftig, einem Meere in Aufruhr kann eine Revolution verglichen werden. Was vermag die Kunst des Steuermanns, die Einsicht und die Macht des Befehlenden, wo die entfesselten Elemente wüthen? Die Höhe und der Abgrund berühren sich; was jene emporgehoben, geht in diesem unter. Selbst der kräftigste Mensch, der sich einer Revolution hingiebt, stellt sich zwischen den Ruhm der Unsterblichkeit und den schmachvollen Tod durch Henkers Hand; sein Richter ist der Erfolg. Der leichtfertige Muthwille wählt sich diese Stellung nicht. Versuchte es auch falscher Ehrgeiz, Habsucht oder irgend eine dieser Leidenschaften, denen man die Revolutionen so gerne zuschreibt, die Gesetze aufzuheben, Anarchie und Verwirrung zu verbreiten, Person und Eigenthum dem Glücksspiele des innern und äußern Krieges zu übergeben; wird eine Nation, welche die Ruhe liebt, den Frieden, stillen Erwerb und Sicherheit, ist sie anders im Besitze dieser Güter, dem Rufe dieser Aufrührer folgen?

Während die vielen gelehrten, hochgeachteten Schriftsteller älterer und neuerer Zeit, wie wir mit einander untersucht haben, dem Volke das Widerstandsrecht verleihen, Auflehnen und Empörung gegen Fürst und Obrigkeit in gewissen Fällen für rechtlich halten, das Recht somit dem ganzen Volke als dem einzelnen Bürger zugestehen, warnen sie jedoch aufs Eindringlichste vor Revolutionen. Der edle und verständige Mann muß das Beste wünschen und suchen; aber auch das Schlimmste, wenn es kommt, ertragen. Der Fluch der Völker trifft diejenigen, sagt Strombeck, welche leichtsinnig zu einem Mittel greifen, welches nur das äußerste sein muß. Wie selten können auch diejenigen, welche zu dem Wagestück einer Empörung und Umstoßung der estehenden Regierung schreiten, darauf rechnen, bei der Mit- und Nachwelt gerechtfertigt wegen ihres Unternehmens zu erscheinen. Fürsten wird es so leicht, ihrem Beginnen die Farbe der Nothwendigkeit, der Ordnung, des Rechts zu geben; Bürgern und Unterthanen so schwer, den Verdacht der Meuterei, der Aufwiegelung, des Ehrgeizes zu entgehen! Die wahre Stimme des Volks ist so verworren und schwer zu hören und ein Unglück ist's, daß die Regierer so selten die Wahrheit hören! Fürsten handeln immer kraft ihres Amts mit Auftrag und Beruf. Wer ruft den Bürger anders als die unhörbare Stimme der Tugend oder die des Eigennutzes und der Rache? — Der Fürst besoldet, erhebt, belohnt. Mittel aller Art hat er dazu an der Hand. Die Soldateska und ein Heer von Hofschergen wartet auf seinen Wink, ihm blindlings zu gehorchen; an Vertheidigern seiner Ungerechtigkeiten, an Lobhudeleien aller seiner Handlungen fehlt's ihm nicht und wie früher die Censur macht ihm jetzt Belagerungszustand und Gensd'armeriesystem das gedruckte Wort unsbar. Sehr schwer ist's aber für den, der ihm widersteht, Anhang zu finden; denn die Menschen pflegen mit sofortigem Gewinn und Verlust zu berechnen, hängen so gerne an Macht und Gewalt, sind so leicht vom Glanze geblendet, das Wort eines Gewaltigen der Erde oder eines Mannes mit Rang, Würden und Orden gilt ihnen ungleich mehr und wird von ihnen hundertmal als mathematische Wahrheit wiederholt als das Wort eines schlichten Bürgers und wäre er weiser als Salomo und beredter als Cicero. Die wahrscheinlichsten Aussichten für den, der den Regierern widersteht, sowie für seine Verbündete, sind Verarmung, Verbannung, Ketten und Schaffot. Aber wenn auch jeder unruhige Kopf Rechenschaft fordern könnte, wer möchte einen Scepter führen? Wenn jeder Fanatiker den Lauf der Regierung hemmen dürfte, wo bliebe Festigkeit und Ordnung? Wer ist auch Schiedsrichter, wer kann es sein, wo Recht und Unrecht, wahre und gleißnerische Absicht so sehr in Dunkel gehüllt sind? Das Gewissen, der bessere Theil der Zeitgenossen und der Nachwelt, leider auch das Glück! Wenn Dion den Dyonistus verdrängt, wenn Thrasibulus die 30 Tyrannen vernichtet, wenn Gustav Wasa den König Christian entthront, wenn Tells tödtender Pfeil in Geßlers blutdürstiges Herz bringt, dann sehen wir ein befreites Vaterland, unsere Seele hebt sich und unser Beifall ist ungetheilt. Besteigen Kromwell und Wilhelm von Oranien die Stuarte, dann mischt sich schon ein Zusatz von Mißbilligungen ein. Allein wir fühlen Abscheu und Entsetzen, wenn Orleans-Egalité auf den Tod seines Königs dringt, wenn Ankarström Gustav III. Mörder wird, wenn der wuthentbrannte Haufe einen Lichnowsky, einen Lalont mordet. Als Braunschweigs hochherziges Volk sich im Jahre 1830 ermannte, die Willkühr und Rohheit des Herzogs Karl nicht länger dulden wollte und ihn fortjagte, da jubelte jeder, der Gefühl und Herz für bürgerliche Freiheit hat und billigte diese Empörung, aber mit Abscheu wandte das Auge sich weg von der Volkswuth, die im herzoglichen Schlosse tobte und der Guelphen altes Stammhaus den Flammen preisgab. Wir sahen gern, daß das französische Volk festhielt an die durch die in den glorreichen Juli-Tagen erlangten, freisinnigen Institutionen, daß es auf die Erfüllung des Königs Wort, er wolle ein Bürgerkönig sein, bestand, aber wir verabscheuen und fluchen einem Fieschi, der aus seiner Höllenmaschine Tod und Verderben um sich her verbreitet, ohne zu bedenken, wie viele Unschuldige getödtet werden, kein echter Christ, kein vernünftiger Mann kann Freund von solchen Revolutionen sein, wo der blinde Haufe raubt und mordet, oft ohne zu wissen was und wen, wo das Volk tolltrunken den Feuerbrand um sich her wirft, ohne zu prüfen, wohin.

Weh, wenn sich in dem Schooß der Städte
Der Feuerzünder still gehäuft,
Das Volk, zerreißend seine Kette
Zur Eigenhülfe schrecklich greift!
Da zerret an der Glocke Strängen
Der Aufruhr, daß sie heulend schallt
Und nur gewöhnt zu Friedensklängen
Die Lösung anstimmt zur Gewalt.
Freiheit und Gleichheit hört man schallen,
Der ruhige Bürger greift zur Wehr,
Die Straßen füllen sich, die Hallen,
Und Würgerbanden zieh'n umher,
Da werden Weiber zu Hyänen
Und treiben mit Entsetzen Scherz;
Noch zuckend mit des Panthers Zähnen
Zerreißen sie des Feindes Herz.
Nichts Heiliges ist mehr, es lösen
Sich alle Bande frommer Scheu,
Der Gute räumt den Platz dem Bösen
Und alle Laster walten frei.

Wie wahr, wie sehr wahr der große Dichter gesungen hat, wird jeder eingestehen, der die Gräuel kennt, die in jener Englischen Revolution im Namen der Regierer und in der Französischen im Namen der Freiheit verübt worden sind.

Daß eine Revolution auch rechtlich sein könne, wie die Nordamerikanische, wie die Französische, wie Deutschlands glorreiche Märzrevolution, davon wollen indeß die politischen Stabilitäts- und Reaktionsmänner, die Vertheidiger des Absolutismus

nichts wissen, besonders suchen sie in unsern Zeiten Ursache und
Quelle der Volksbewegungen in verderblichen und verkehrten
staatsrechtlichen Lehren und berufen sich auf den Spruch desselben
Dichters:
"Jedoch der schrecklichste der Schrecken
Das ist der Mensch in seinem Wahn.
Aber diese Leute irren sich gewaltig, urtheilen höchst einseitig.
Bei näherem Nachforschen finden wir, daß selbst redliche
und vernünftige Männer, wenngleich sie sich von jeder thätigen
Theilnahme an revolutionären Umtrieben entfernt hielten, doch
mit einem gewissen Wohlgefallen auf die Anstrengungen der
Völker blickten, welche sich durch eine Empörung zu helfen
suchten. Daß die Zahl dieser Männer, rechtlicher und uneigen=
nütziger als Justemiliäner und Achselträger, die nur im Trüben
fischen, bei aller Revolution der Vorzeit nicht klein gewesen ist,
das lehrt uns die Weltgeschichte, daß die Zahl größer als je
bei den Bewegungen unsrer Tage ist, das zeigen uns unsere
eigenen Augen und Viele von Ihnen, werthe Herren und Freunde,
vielleicht die Meisten werden nicht die Hand aufs Herz legen
und sich davon freisprechen können, ich wenigstens kann es nicht,
so sehr ich auch Feind aller Unordnung und Anarchie bin. —
Schauen wir zurück nach früheren Jahrhunderten und lesen mit
Unbefangenheit die Geschichte der Schweiz unter Oesterreich, der
Stuarte, der Befreiung von Amerika und der Französischen Revo=
lution: so werden wir nicht lange zu zweifeln haben, ob die
billigen und gerechten Ansprüche der Völker durch ein anderes
Mittel als durch Abtreibung unterdrückender Gewalt, mithin
durch factische Empörung gegen die bestehende Regierung zu
erreichen und durchzusetzen waren. Und in unsern Tagen, wurden
nicht Seufzer und Klagen verhöhnt, die Wahrheit unterdrückt,
blieben nicht Bitten und Vorstellungen fruchtlos, in Frankreich
unter Karl X. und einem Polignac, der durch seine berüchtigten
Ordonnanzen die bürgerliche Freiheit vollends in Ketten legen
wollte, in Cassel, wo die geliebte Landesmutter verstoßen war,
eine freche Buhlerin das Regiment führte und das Mark des
Landes aussog, in Braunschweig, wo durch Herzog Karl,
dem Sängerinnen und Hunde mehr am Herzen lagen, als sein
treues Volk, der das Böse an sich zog und das Gute verbannte,
in Warschau, wo ein Constantin alle fromme Scheu mit
Füßen trat, das Glück und die Ruhe der angesehensten Familien
untergrub, während der Moscowiten Czar ihn frei schalten und
walten ließ und sein Ohr den so gerechten Klagen der Polen
verschloß? in Frankreich, wo Louis Philipp in Karl X. Fuß=
stapfen getreten die Rechte des Volks mit Füßen trat, in Oester=
reich, wo ein Metternich stets den Fuß auf des Volkes Nacken

stemmte, in Preußen, wo des Volkes gerechte Erwartungen so bitter getäuscht, wo der König das Wort bürgerliche Freiheit mit dem Schwerdte ausstrich, in Baiern, wo eine Lola Montez des Regenten Herz umstrickt? Wo sind die Zweifel, ob die unterdrückten Völker ein Recht hatten, sich zu ermannen und von allen andern Mitteln abgeschnitten, zum Aeußersten zu greifen, zum Widerstande und zur Empörung gegen Willkühr und Tyrannei? Wer wagt es von Ihnen Steine aufzuheben gegen diese empörten Völker? Oh, die Steine möchten zurückfallen auf das eigne Haupt; denn Deutschland, der Eide, gegen seine früheren Regierer entbunden, hatte ja auch einem neuen Regenten gehuldigt, daher nach den Lehren der Absolutisten, eben so wenig ein Recht, das fremde Joch abzuschütteln als Polen. Aber so wie Deutschland selbstständige Reiche gebildet hatte, so war auch Polen ein selbstständig Reich gewesen; sollten Rußland, Oesterreich und Preußen wol größere Rechte und Ansprüche an Polen gehabt haben, als Napoleon an Deutschland? der eine hat nicht weniger ungerecht und strafbar gehandelt als der andere, über alle 4 hat in dieser Hinsicht die öffentliche Meinung längst den Stab gebrochen und alle 4 werden vor des Ewigen Richterstuhle zu gleicher Verantwortung gezogen werden.

Ein Tyrann ist taub gegen die so gerechte Bitte der Unterdrückten um Recht und Mäßigung; so lange er die Macht in Händen hat, spottet er übermüthig der kraftlosen Bitte, nennt den Einspruch gegen die Gewaltthat Hochverrath, das Berufen auf unveräußerliches Recht Meuterei; er will nichts lernen, nichts vergessen. Im blinden Trotz auf die Gewalt versteht er nichts als zu drohen, zu strafen; das Recht ist ihm Nichts, die Macht Alles, den Widerstand des Volkes nennt er frechen Uebermuth; ihn zu zügeln müsse man, so meint er, den Druck vermehren, die Fesseln fester schmieden und enger zusammenziehen, die Kerker vermehren, der rohen Soldateska mehr Spielraum lassen, die Wörter Vernunft, Menschlichkeit und Wahrheit aus den Wörterbüchern ausstreichen. Wenn dann das Volk unter unaufhörlichem Druck seufzt, in allen seinen Rechten von der Willkühr in hundertfältiger Gestalt gekränkt ist, und lange vergebens das ohnmächtige Wort an die tauben Ohren derselben verschwendet hat, mag man es ihm verargen, wenn es sich endlich erhebt und versucht zu nehmen, was man ihm gutwillig nie geben wird? So bricht er denn los, der offene Kampf des zur Verzweiflung gebrachten Unterdrückten gegen den Unterdrücker; je mehr nun dieser festhalten will, desto mehr will jener an sich reißen, Maaß und Ziel wird vergessen im Zorne und der Verwirrung eines solchen Kampfes und mancher Unschuldige leidet mit dem Schuldigen, kann dieses anders sein? mißt das Gewitter seine Blitze mit der Elle und seine Regengüsse nach Schoppen aus? Wer aber trägt die Schuld, auf wen fällt die Verantwortung, daß es so kommen muß, wie es Volksaufstände und Empörungen so oft bringen? Ob nun Fürst oder Volk aus solchem Kampfe siegreich hervortreten werde, das ist freilich stets sehr schwer vorher zu bestimmen und zweifelhaft bleibt auch dann noch der Erfolg, wenn die Unterdrückten sich vom Joche befreit haben; denn es bleibt eine sehr schwer zu lösende Aufgabe, aus solcher Anarchie die Freiheit, wahre, gesetzliche, Segen bringende Freiheit hervorgehen zu lassen; denn die Anarchie ist die Amme des Despotismus, dessen Wildheit und Gesetzlosigkeit um so mehr zu besorgen ist, da er unter solchen Umständen häufig die Belohnung eines glücklichen Soldaten zu werden pflegt, der als Anführer der siegreichen Parthei den Frieden und die Ordnung durch eine allgemeine Unterwerfung wieder herstellt. Es lehrt uns indeß genügend die Weltgeschichte, daß ein Volk durch Widerstand und Empörung gegen Tyrannei Glück und Ruhm, Friede und Wohlfahrt in hohem Grade erlangt hat, Rom und Griechenland, die Schweiz und die vereinten Niederlande, Amerika und unser eignes deutsches Vaterland geben uns dazu genügende Belege.

Wir dürfen dagegen die Empörungen und Staatsumwälzungen in Spanien, Portugal, Neapel, im Kirchenstaate, in Piemont und andern Staaten, welche wir vor mehren Jahren erlebten und welche förmlich besiegt wurden, nicht in die Waage legen; denn theils besaßen die Männer, welche jene Aufstände leiteten, durchaus nicht gehörige Fähigkeiten, theils wurden ganz verkehrte Mittel ergriffen. Wer weiß, ob nicht 1830 der Aufstand in Polen einen ganz anderen Ausgang genommen hätte, wenn die neue Regierung, gleich nachdem man die Ryssen so glorreich aus dem Lande getrieben hätte, die Leibeigenschaft aufgehoben hätte. Vergebens wartete der Polnische Bauer, nachdem das Vaterland das fremde Joch abgeworfen hatte, auf dem Rufe aus Warschau, du bist nicht mehr Sclave, bist Bürger des Staats, bist frei! Bei diesem Rufe würde er sich in Masse erhoben, Gut und Blut daran gesetzt und das Aeußerste gewagt haben. Aber jener Ruf erfolgte nicht, der Aufstand gewann ein aristokratisches Ansehen, das Landvolk erhob sich nun nicht in Masse, und Polen mußte sich aufs Neue vor Rußlands Adler beugen, die hochherzigsten Opfer waren vergebens gewesen, Ströme Blut umsonst vergossen worden, reiche Fürsten, die sonst ihren Gütern im Ueberflüsse lebten, denen Tausende gehorchten, müssen jetzt im fremden Lande ihr Brod erbetteln. Die späteren Aufstände, namentlich der in Krakau waren ebenso unzeitig als unvernünftig und ohne allen Rückhalt.

Wie und wann und in welchen Staaten entstehen neue Revolutionen? Laſſen Sie uns geehrte Verſammlung auf dieſe Frage noch einen Augenblick zurückkommen. Revolutionen ſind, wie Murhard bemerkt, nur da möglich, wo Stoff dazu vorhanden iſt. Wo keine brennbare Materialien ſind, kann kein Feuer entſtehen. Wo die Völker glücklich und mit ihren Regierungen zufrieden ſind, wo ſie eine vernünftige Denk-, Handels- und Preßfreiheit genießen, wo ſie nicht mit Abgaben und Steuern überladen werden; wo keine deſpotiſche Willführ, keine tyranniſche Gewaltſtreiche der Fürſten und der Beamten Statt finden, wo vernünftige Geſetze für Alle herrſchen, wo eine freiſinnige, den Bedürfniſſen der Zeit angemeſſene Verfaſſung die bürgerliche Freiheit ſichert: da wird es keinem Empörer, keinem Feinde der Ordnung und des Friedens, keinen Umtrieben, welcher Art ſie auch ſeien, gelingen, die Unterthanen gegen ihre rechtmäßige Regierung aufzuwiegeln und zur Empörung zu bringen; ſie werden im Gegentheile die Rechte des Regenten und der Obrigkeit mit Gut und Blut bis zum letzten Lebenshauche vertheidigen. Wo aber theilweiſe oder alle dieſe Urſachen zur Unzufriedenheit vorhanden ſind, wo man der Wahrheit ſein Ohr verſchließt, wo man Männer, die freimüthig auf Gebrechen und Mängel im Staate aufmerkſam machen, als gemeine Verbrecher behandelt, wo man ſtatt abzuhelfen, ſolche Mittel ergreift, die das Uebel nur vermehren können, wo Fürſt und Obrigkeit heilige Verſprechungen, die gerechten Wünſche des Volkes unerfüllt laſſen, da bleibt und ſteigt das Mißvergnügen, da glimmt ein gefährliches Feuer fortwährend unter der Aſche, das trotz allem Dämpfen und Löſchen doch endlich einmal durch irgend einen Deus ex machina, von dem man ſich nichts träumen ließ, und deſſen Erſcheinung auch die erfahrenſten Diplomatiker und Politiker nicht ahneten, zum Ausbruch kommt. Ein ſolches Land iſt einer mit Pulver angefüllten Mine zu vergleichen, deren rechte Zündröhre nur irgend einen Feuerfunken zu finden braucht, um das ganze Gebäude in die Luft zu ſprengen. Welche irdiſche Macht kann ſo etwas verhindern.

Revolutionen ſchleichen langſam heran und brechen darauf oft plötzlich hervor. So vermochte ein unbedeutender Mönch bei jener kirchlichen Revolution, die wir Reformation nennen, das Werk eines halben Jahrtauſends zu ſtürzen; aber große Fehler hatten das Gebäude ſchon lange untergraben. Eine Regierung kann lange und viel ſündigen, ohne daß deshalb der innere Ruheſtand geſtört würde. Die Macht der Gewohnheit, die Kunſt, die Gefahr des erſten Angriffs friſten den Untergang der beſtehenden Verfaſſung; aber endlich gleicht dieſe einem Gebäude, das nur durch den Zuſammenhang ſeiner Theile noch ſteht;

ein Windstoß, — und es stürzt zusammen. Revolutionen — urtheilt ein scharfsinniger Schriftsteller neuerer Zeit — lassen sich so wenig machen, ehe die Umstände sie erzwingen, als Kinder sich gebären lassen, ehe sie gezeugt werden. Ist aber die Frucht reif, dann kommt sie in beiden Fällen auch ohne Geburtshelfer zu Stande. Alle Revolutionen lassen sich als nothwendige Folgen eines frühern Stillstands ansehen, als gewaltsamere Bewegungen, durch die ein lange unterlassenes Fortschreiten wieder eingeholt werden muß. Die Staatsoberhäupter halten in der Regel der Höflinge Schmeichelreden für baare Münze und der Zeitungen Lobhudeleien für Wahrheit, ihre Regierungen für ein Muster der Vollkommenheit, sich allgemein beliebt und als Väter des Vaterlandes betrachtend. Oh! des unseligen Irrthums, der sie zu Stolz und Uebermuth verleitet, der sie die Freimüthigkeit des Patrioten und die Intelligenz des schlichten Bürgers vom Throne entfernt halten läßt. Da Minister und Beamte ihnen vorzuspiegeln pflegen, es herrsche im Staate die größte Zufriedenheit, man hasse alle Reformen und Neuerungen; so glauben sie, wenn sich eine Volksbewegung zeigt, selbe sei das Werk einiger unruhigen Köpfe; ja wenn schon Alles in voller Gährung ist, bilden sie sich ein, eine Handvoll unruhiger Köpfe gegen sich zu haben, mit denen man bald fertig werden könne. Und Diejenigen, die gegen sie aufstehen, haben in ihren Augen stets Unrecht, mögen sie auch noch so sehr das Recht auf ihrer Seite haben; sie halten sie für strafbare Hochverräther, wenn sie auch eine noch so edle Sache vertheidigen. So träumten vor 18 Jahren Karl X. und sein Ministerpräsident Fürst Polignac von einer Verschwörung, die man mit einem Schlage vernichten könne und dieser unglückliche Irrthum bereitete beiden den Sturz; durch jene berüchtigten Ordonnanzen führten sie den Schlag aus; aber siehe da, die ganze Nation fühlte sich getroffen und brauchte ihn zu der großen Umwälzung des Throns. Als bald darauf Belgien sich gegen Holland erhob, womit es wider Willen durch unglückseligen Irrthum durch den Wiener Congreß verbunden worden war, da sah König Wilhelm nur Rebellen vor sich, mit Rebellen, meinte er, müsse man nicht unterhandeln, er forderte Gehorsam der Majestät und wollte dann Bewilligungen machen. In der Proklamation, worin den Brüsselern eine Truppenmacht angemeldet ward, wurde blos von Bräthern an der bürgerlichen Ordnung, vor welchen jene schützen solle, gesprochen und zum großen Erstaunen stieß man auf die ganze Bevölkerung. Als Warschau das blutige Signal zur Empörung gegeben und den Tyrannen Konstantin vertrieben hatte, da hielt man in St. Petersburg Alles nur für eine Verschwörung einer Anzahl Meuterer oder Verirrter. Kaiser Nikolaus wähnte mit

einem Machtworte diese Meuterer vernichten zu können; aber er
sah bald das ganze Königreich Polen gegen sich gerüstet und
sein auserlesenes Heer mit den berühmtesten Feldherren mußte vor
diesen Meuterern fliehen. Bei den Volksbewegungen, die 1850
auch in den meisten Ländern Deutschlands vorfielen, war in den
Zeitungen und den öffentlichen Berichten nur von einem unruhigen
Pöbel die Rede, Alles ward für Pöbelaufstände gehalten. Wer
war aber dieser Pöbel? Waren es Vagabunden, Bettler, müssiges
Gesindel? Hier und da mögen sie geschäftig gewesen sein;
aber einige Hunderte solcher Seelen bringen keine Städte von
20, 30 und mehr tausend Einwohnern in Aufruhr; sie können
Fabriken, öffentliche Gebäude, Residenzschlösser anzünden, aber
weiter können sie nichts. Dies sind nur die fürchterlichen Begleiter
von Revolutionen. Die bewegte und bewegende Masse war
anderer Natur: Handwerker, Bürger, Menschen waren es, die
ihr Brod verdienten, die, wenn eine Noth übers Land kommt,
von ihr am ersten erreicht werden, die ihren Werth fühlen. Das
Licht war es, das heller leuchten wollte, die Intelligenz war es,
die vorwärts winkte, die Aufklärung war es, die den alten
Schlendrian verpönte, der Patriotismus war es, der gesetzliche
Freiheit, zeitgemäße Institutionen verlangte, der die Menschen
als Menschen behandelt wissen wollte. Der Heerd der revolutionären Bewegung lag weit tiefer als im Pöbel; die Regierungen
hatten, wie bald offenbar wurde, vielleicht blos mit Ausnahme
einer Anzahl von Begünstigten, die aus dem Bestande der alten
Ordnung auf Kosten der Majorität Vortheile zogen, die Einfältigen, die nicht wissen und nicht lernen wollen, wie das Wort
Reform buchstabirt werde und den Schlendriansleuten, denen
das Wort verbessern so verhaßt ist, das ganze Volk gegen sich
und es half nichts, daß die Machthabenden ihre Sünden dadurch
zu verkleinern suchten, daß sie blos den Pöbel als aufrührerisch
darstellten. Ist dieses nicht seit der glorreichen Revolution des
März 1848 nicht in ungleich höherem Grade der Fall? Die
großen Herren haben es auch längst eingesehen, daß sie
damit nicht mehr durchkommen, die vielen angesehenen achtbaren Bürger, die vielen gelehrten Männer, welche im Kampfe
gegen Willkühr, im Kampfe für bürgerliche Freiheit nicht ermüden,
durch Wort und Schrift die Regierer auf ihre Pflichten, die Völker
auf ihre Rechte aufmerksam machen, zeigen ihnen deutlich, daß
sie mit andern Leuten als mit bloßem Pöbel zu thun haben,
da suchen sie nun der Welt auf andere Weise Sand in die Augen
zu streuen. Früher suchten sie glauben zu machen, alle Unruhen, jede Volksbewegung, jeder Straßenauflauf rühre von der
Pariser Propaganda her, diese sende mit gespickten Börsen
Emissäre in alle Länder, streue mit vollen Händen Geld unter

die Leute, führe den rohen Haufen in die Branntweinschenken, zahle dem Handwerker seine Arbeit doppelt, verspreche dem Kaufmann Aufhebung aller Zölle und Abgaben, den Gelehrten Ruhm und Ehre, besteche mit zukünftigen Orden und Würden, blos damit die Leute gegen die bestehenden Regierungen murren, klagen und sich empören." Oh dieser absurden Lächerlichkeit! So oft auch die Zeitungen das Wort Pariser Propaganda im Munde führten und nach den Vorschriften der Aristokraten darauf hinwiesen, so hat doch keine sagen können, in welcher Straße, in welchem Hause zu Paris die Propaganda wohne, wer ihr Director, wer ihr Mitglied sei, trotz aller Wegelagerei und Postverrationen, trotz Polizei und Soldateska hat man doch keiner Emissäre jener vermeintlichen Propaganda habhaft werden können und wenn man alles Geld zusammenzählen wollte, welches nach den Zeitungen durch die Propaganda in allen Ländern vertheilt worden ist, so reichen viele Millionen nicht hin und jenes Institut muß wahrlich die geheime Kunst verstehen, Gold zu machen. Jene Pariser Propaganda war wahrlich weiter nichts als ein Irrlicht in des alten Bundestags Blendlaterne. Auch diese Täuschung schwand immer mehr, denn täglich ward die Zahl der Einfältigen kleiner, welche die Fabel von der Pariser Propaganda für Wahrheit hielten. Allerdings existirt seit einer Reihe von Jahren eine Propaganda, die sich immer mehr unter der Menschheit Segen bringend verbreitete, deren Macht unwiderstehlich, deren Ursprung der Himmel, deren Leiter und Führer der Allweise und Allmächtige ist; sie wohnte in dem Kopfe und dem Herzen eines jeden aufgeklärten und dabei tugendhaften Menschen; ihre Emissaire heißen Recht und Gerechtigkeit, Wahrheit und Freiheit. O hätten doch Regierer und Regierte diese Propaganda sich immer zugeeignet und ihre Emissäre freundlich aufgenommen; dann wäre die Revolution 1848 nicht nöthig gewesen und das Blut so vieler wackrer Streiter nicht vergossen worden; dann würden die Regierer die Abgaben immer mehr ermäßigt, die Hülflosigkeit zeitig unterstützt, den Handel immer mehr entfesselt, die Gewerbthätigkeit mit Klugheit erleichtert, die Staatsdiener besser beaufsichtigt, ihre Werkzeuge scharfsichtiger ausgewählt, die Justiz geläufiger gemacht, das ganze Regierungswesen durch zeitgemäße Verfassungen mit freisinnigen Institutionen besser organisirt worden sein. "Dieses ist die einzige Beredsamkeit (wie schon der wackere Schlosser vor 50 Jahren in seinen kleinen Schriften Bd. 6. Seite 264 bemerkt), welche die Unterthanen von Aufruhr und Empörung abhält, eine Beredsamkeit, die überredet, wenn auch gleich nicht nach Komma und Punktum deklamirt wird. Wo diese Mittel angewandt werden, da fällt der Grund zur Unzufriedenheit weg, da wird das Volk die Obrigkeit ehren und lieben, da wird seine materielle Wohlfahrt und seine geistige Intelligenz immer mehr gefördert werden, da wird die Regierung von der Liebe des Volks umgarnt und von der Treue des Volks bewacht gegen innere und äußere Feinde geschützt sein.

Es ist die gegründete Hoffnung vorhanden, schrieb Wieland schon beinahe vor einem halben Jahrhundert (sämmtliche Werke Bd. 30), daß Europa in Kurzem der Regierungsform der Vernunft um ein großes näher gekommen sein wird. Das wohlthätige Licht, das sich immer weiter über diesen Welttheil verbreitet, immer tiefer eindringt und auch das vorgebliche heilige Dunkel der falschen Staatskunst bis in seine geheimsten Höhlen und Winkel durchleuchtet, wird die Völker sowohl als die Regenten immer besser und gründlicher, jene über den Umfang ihrer Rechte und die Grenzen ihrer Pflichten, diese hingegen umgekehrt über die so oft überschrittenen Schranken ihrer Rechte und die so oft vergessene Größe ihrer Pflichten belehren. Die Völker werden einsehen lernen, daß nur ein Blödsinniger sich zumuthen läßt, Gold für gelbe Blätter hinzugeben und sich vor Blitzen von Bärlappenstaub zu fürchten; — daß nur Schafe einem Herrn unterthänig sind, der nur darum sie weiden läßt, um sie zu scheeren und sobald es ihm einfällt oder gelegen ist, abzuschlachten; — und daß es nur an ihnen liegt, Spinnefäden, die sie in einer seltsamen Verblendung für unzerreißliche Stricke halten, für Spinnefäden zu erkennen. Auf der andern Seite wird die allmächtige Noth endlich auch den Regenten, die dessen bedürfen, die Augen öffnen und sie aus der traumähnlichen Täuschung erwecken, worin die Meisten von ihnen ihr eignes wahres Interesse von jeher so sehr verkannt haben. Aus innigster Ueberzeugung, daß es für den Inhaber der obersten Staatsgewalt unendliche Male besser ist, über freie, thätige und glückliche Menschen, als über thierische, nutzlose, langsam verhungernde Sclaven, besser über volkreiche, blühende und überall durch die Wirkungen des Fleißes, der Betriebsamkeit, der Künste und des Reichthums verschönerte Länder, als über armselige Hütten und verwilderte Einöden zu regieren — werden sie sich willig der verhaßten Macht, gegen ihre Absicht Unheil anzurichten, entäußern, um desto unbeschränkter nichts als Gutes thun zu können; und indem sie sich einer Art von Gewalt, die keinem Gott, geschweige einem Menschen zukommen kann, begeben, werden sie aus innerer Ueberzeugung nichts zu verlieren, aber wohl viel zu gewinnen glauben. Wir stehen an der Pforte dieser bessern, schönen Zeit. Le genre humain est en marche, et rien ne le fera rétrograder, sagt sehr richtig ein geistreicher Schriftsteller. Und wahrlich, immer mehr fiel seit Frankreichs Julirevolution und der damaligen Erhebung im Deutschen Reiche die Binde von unsern Augen weg, immer aufgeklärter ward die Menschheit; rascher als je schritt sie auf der Bahn der Cultur und Intelligenz fort. Je größer aber die Intelligenz bei einem Volke ist, desto weniger wird Willkühr und Tyrannei von Seiten der Regierer möglich sein; denn immer wird das Volk seinen Werth fühlen und so vor Knechtsinn bewahren. Möchte nun die Menschheit bei dem raschen Fortschreiten auf dem Wege der Cultur und Intelligenz nicht minder rasch die Bahn zur vollkommnern Tugend betreten, dann wird so leicht kein Fürst sein Land durch Maitressen aussaugen lassen, keine gekaufte Frau zum Throne führen, nicht Hunde mehr als Menschen lieben, dann darf so leicht keine Königin in den Armen ihres Buhlen das Interesse ihres Landes vergessen. Bei dem raschen Fortschreiten der Menschheit kam es mehr als je darauf an, ob die Regierungen vorangingen oder mit fortgerissen werden wollten. Aber die Machthaber, welche über gebildete Nationen das Regiment führen wollten, verschmähten es, um zu sehen, daß die physische Gewalt nichts vermag über die geistige und moralische. Das große Ideenreich, das sich seit einem halben Jahrhundert entwickelt hat, ist keine menschliche Macht mehr im Stande vom Erdboden zu vertilgen; nicht einmal dessen weitere Ausbildung zu hindern, kann fortan unsern Erdengöttern gelingen. Die mündig gewordenen Völker haben 1848 alle Institutionen umgebildet, gestürzt, die der hohen Bestimmung der Menschheit, der geistigen und sittlichen Vervollkommnung zuwider waren; und wer es wagt, dem rollenden Wagen der Zeit in die Speichen zu greifen, wird mit fortgerissen und zertrümmert werden. Nimmermehr wird es den Völkern einfallen, von unten herauf das Bestehende gewaltsam umzustürzen und mit Sturmschritt die Gränzen der gesetzlichen Ordnung zu überschreiten, wenn die regierende Autorität von Oben herab dem gerechten und billigen Verlangen des Volks, den Forderungen ächter Freiheit entgegenkommt. Nimmermehr wird es den Gewaltigen der Erde, selbst mit allen ihnen zu Gebote stehenden Mitteln und Kräften gelingen, den in den Völkern erwachten Geist zu unterdrücken. Was einst im 16. Jahrhundert gegen die Reformation nicht gelang, das wird im 19. noch viel weniger gelingen! Nicht eines Pabstes Bannbulle, nicht des Deutschen Kaisers Achtserklärung, nicht Heinrich VIII. Drohbriefe konnten einen Luther erschüttern; er vertraute seinem Gott und seiner gerechten Sache und führte trotz der Gerichte der Fürsten und der Concilien der Pfaffen das herrliche Werk zur Ehre und zum Ruhme Gottes, zum Segen der Menschheit standhaft aus. Und! der heilige Feuerbrand, durch Luther entzündet, pflanzte sich fort von Mund zu Munde, von Herzen zu Herzen; nicht der 30jährige Krieg mit allen seinen Gräueln, nicht eines Wallensteins Macht, nicht eines Tilly's Grausamkeit vermochten das Licht und die Aufklärung aus den Köpfen und den Herzen der Menschen zu löschen. Eben so wenig werden die Großen unsrer Zeit die erleuchteten Menschen blenden können und wenn sie ihnen des Auges Sehkraft nähmen; vorüber ist die Zeit der Täuschung und des Blendwerks und täglich geringer wird die Zahl derer, welche sich durch fürstliches Geld und fürstliche Versprechungen, durch Orden und Titel Sand in die Augen streuen lassen. Je länger die Gewalthaber der Erde sich sträuben, die Contrevouranten, aufgemacht von der Wahrheit und Gerechtigkeit unsrer Zeit, anzuerkennen, desto größer häufen sie ihre Schuld; sie werden Vertrauen und Kundschaft verlieren und am Ende doch zahlen müssen, Zins auf Zins.

Nicht zu verwundern, wie sehr natürlich war es, daß wir Bremer die 1830 nicht gehörig benutzte Gelegenheit zur Reform unsrer uralten Verfassung im März 1848 desto kräftiger ergriffen und nach den erlebten furchtbaren Täuschungen nicht aus den Händen ließen. Bis zum März 1848 hatte Bremen nur eine auf Löschpapier geschriebene Republik; in keinem Staate Deutschlands boten sich Absolutismus und Nepotismus so sehr die Hände als gerade in Bremen; von Gleichberechtigung, von einer Vertretung aller Staatsbürger keine Spur, in hohem Grade herrschten Willkühr und Partheilichkeit der Obern und der Gerichte. Durch Beschlüsse einiger Bevorzugten bei verschlossenen Thüren wurden so oft die Bürger Bremens wie durch Blitze aus heller Luft erschreckt und aufs Empfindlichste verletzt, durch das Unwesen von Administrationen und Deputationen die Finanzen zerrüttet und die Staatsschuld trotz des blühendsten Handels und 33 Friedensjahre gewaltig vermehrt und die Abgaben erhöht, Urtheile des Criminalgerichts, so oft auf eigenthümliche und willkührliche Weise gefällt, konnten zu keiner höheren Instanz gebracht werden als zum Obergericht Bremens — also nur von Senatoren zu Senatoren — nicht außerhalb der Stadt zur wahren Unpartheilichkeit ohne Collegen und Vetternschaft.*) Bremens Bürgerschaft war politisch rechtlos und durfte sich über Lebensfragen und ihre wichtigsten Angelegenheiten nicht in hiesigen Blättern aussprechen, so sehr war die Presse geknebelt; nicht genug, daß die Censur nur in den Händen von Senatoren war, nein die Bürgermeister, namentlich Herr Bürgermeister Smidt, übten noch die Gewalt als Obercensoren. Bremens

---

*) Die Denkschrift „Das Criminalgericht in Bremen vor dem Richterstuhl der öffentlichen Meinung gezogen von Johannes Rösing" giebt genügende Belege der Willkühr, der Partheilichkeit und Lächerlichkeit der Bremischen Gerichte.

Freistaat war nur ein Aushängeschild und wehe dem, der sich auf seine glatten Worte verließ und in Bremen politische Freiheit, Schutz und Gerechtigkeit zu finden hoffte. Eine unruhige Zeit, wo die Willkühr am Ruder saß, wo blinde Leidenschaft zügellos waltete, wo Eigenthum und Leben gutgesinnter Bürger jeden Augenblick auf dem Spiele stand, erzeugte theils 1433, theils 1532 die bis zu unsern Tagen bestandene Bremische Verfassung.

Von den Gesetzen derselben des Jahres 1534, welche 1637 von Kaiser Ferdinand III. bestätigt wurden, lautet u. a.:

§ 1. Es soll Niemand Zusammenkünfte gegen den Rath anstellen, den Rath zu beeinträchtigen. Würde er solches kund, dessen Leib und Gut soll in des Rathes Hand stehen.

§ 2. Niemand soll in seinen Angelegenheiten vor dem Rathe stärker als selbst Zehnte erscheinen.

§ 3. Auch gebeut der Rath und will, daß Niemand einigerley Getrayde von hier ausführen solle, es geschehe denn mit Gutfinden des Raths, oder derjenigen, die vom Rathe dazu verordnet sind.

§ 62. Niemand soll an heiligen Tagen und hohen Festtagen Bier, Wein oder Branntwein an Jemand verzapfen.

§ 73. Auch soll Niemand einigerley Steine ausführen oder er thue ein solches mit Erlaubniß des Raths und habe darüber einen Erlaubnißschein.

§ 74. Es soll auch Niemand Kalk, der von Oben kömmt, in größerer Quantität einkaufen, als zu seinem eignen Gebrauch bedarf, es geschehe denn mit Erlaubniß des Raths.

§ 84. Kein Fremder soll ungegerbte Thierhäute in unsrer Stadt kaufen, es geschehe denn mit besonderer Vergünstigung des Raths.

§ 85. Niemand soll hier Steinkohlen vorbey- oder ausführen, bei Verlust der Waare, so oft er das überträte.

§ 88. Auch soll Niemand ohne Erlaubniß des Raths Torf, Kohlen oder Brennholz ausführen.

§ 125. Niemand soll löthiges Silber oder Geld, das man will schmelzen lassen, aus unsrer Stadt führen oder führen lassen, oder auch Gold außer unsrer Stadt schmelzen oder schmelzen lassen.

Bremens uralte, bis März 1849 bestandene Verfassung enthielt unter andern folgende Artikel:

"Artikel 2. Gleichwie ein vollmächtiger Rath, wie von jeher gewesen, fernerhin zu ewigen Tagen sein und bleiben soll; so soll deswegen künftighin Niemand ohne Befehl und Zulassung des Raths irgend eine Zusammenkunft oder Versammlung halten oder öffentlich anstellen: bei der höchsten Strafe (d. h. sein Leib und Gut soll in des Raths Hand stehen).

Artikel 4. Wenn Jemand aus der Gemeinheit in seine Person angehenden Geschäften seine Verwandten zu versammeln nöthig hätte und bedürfte, um sich mit denselben zu berathschlagen: so soll in sothaner Versammlung nichts anders vorgenommen werden, als allein was ihre Personen und Geschäfte angeht und betrifft ec. ec.

Artikel 5. Ferner sollen die Kaufleute und Zünfte in ihren Versammlungen nichts vornehmen und verhandeln, als alles dasjenige, was ihren Handel oder Handwerksgeschäfte betrifft. Und so Jemand hierwider handelte, und daß er mit zween ehelichen Leuten, die zum Zeugen tüchtig sind, überwiesen würde: so soll derselbe es nach Gelegenheit des Handels büßen und dafür gestraft werden. Thäte solches auch die ganze Gesellschaft der Kaufleute oder eine Zunft, oder die Zünfte allesammt, so sollen selbige ihrer Gesellschaft, Zünfte, Privilegien und Freiheiten, womit sie vom Rathe oder sonst begnadigt und begiftigt sind, verlustig sein und verwirkt haben, und selbige nach der Zeit nicht mehr genießen noch gebrauchen.

Artikel 18. Und wenn es dem Rathe in dieser oder andern Sachen, so ihm vorfiel, nöthig und erforderlich schien, mit mehr Leuten Rücksprache zu nehmen: so kann der Rath aus der Gemeinheit, den Kaufleuten und Zünften dazu fordern und einladen lassen, die dem Rathe die Verständigsten und Tüchtigsten dünken und sonst nach dem Wohlstande dieser Stadt trachten und denselben gern fortgesetzt und befördert sähen.

Diese Versammlungen waren also die Bürgerconvente; nach dem 18. Artikel hing es also vom Rathe ab, wann er einen Bürgerconvent halten und wen er dazu einladen wollte; die Bürger saßen daher auf dem Convente bloß in Folge der Willkühr und der Gnade des Raths.

Auf einem dieser Bürgerconvente, am 15. October 1830, dem Jahrestage der Befreiung Bremens vom Französischen Joche 1813 war es, wo ich vor Beginn der Verhandlungen folgenden Antrag stellte:

„Als wir vor 14 Tagen hier versammelt waren, wurde uns vom Senate die Geldklemme der provisorischen Finanzdeputation vorgestellt. Die provisorische Finanzdeputation hielt selbst einen Aufschub von 8 Tagen für gefährlich und meinte, es müßten sofort die nöthigen Geldmittel angeschafft werden. Der Senat selbst schien die Geldverlegenheit nicht so bringend zu halten, da er seine Erklärung über den Wunsch der Bürgerschaft, die Finanzdeputation möge vorläufig auf einige Monate Geld leihen, aussetzte und erst nach 14 Tagen einen neuen Convent ansetzte.

Heute hören wir nun, daß das, was der Finanzdeputation unmöglich zu sein schien, ihr leicht geworden ist, welches ihr mit ernstlichem Willen auch wol nur leicht werden konnte. Nun sollen die Mittel zur Wiederbezahlung der Gelder bestimmt werden, natürlich eine nothwendige Sache; denn jeder Staat, dem Credit, Ehre und Ruhm lieb ist, muß seine Verpflichtungen erfüllen! Jeder wird mir darin gern Recht geben; aber auch darin, daß zuerst ältere Verpflichtungen erfüllt werden müssen. Würden diese Verpflichtungen gegenseitig von den Regierungen und Völkern erfüllt worden sein, dann würden wahrlich die Unordnungen und Gräuel, welche wir seit einiger Zeit, besonders im lieben deutschen Vaterlande, erleben, nicht geschehen sein.

Untersuchung und Beantwortung der Frage, ob die Regierer oder die seit 15 Jahren getäuschten Völker an den jetzigen Unruhen schuld sind, gehört nicht hieher. Es ist wirklich eine harte Probe, die Geduld 15 Jahre auf die Probe zu stellen! Daß auf Ermüden und Einschläfern schnell ein lebhaftes Erwachen folgen kann, haben wir nur zu deutlich gesehen.

Auch uns Bremern bleibt bei all unserm Glücke und unserer Freiheit noch manches zu wünschen übrig; auch uns ward eine Verbesserung unsrer Verfassung versprochen; auch wir warten seit 15 Jahren auf die Erfüllung des Versprechens; auch wir sind getäuscht!

Der Rath hat wohlweislich aus den constitutionellen Verhandlungen das herausgenommen, was ihm zur Förderung seines Interesses für dienlich schien; — was ist daraus zum Besten unsres Staats entlehnt? Ist es zu läugnen, daß seit einigen Jahren bei der Justiz gewaltige Mängel eingerissen sind? — brauche ich auf die Gräuel aufmerksam zu machen, welche seit einiger Zeit in unserm sonst so gottesfürchtigen Staate geschehen sind? Die großen Weltbegebenheiten entrücken sie nur seit einiger Zeit unserm Gedächtnisse und die Justiz scheint sie auch zu vergessen. Man sagt, daß die Justizbeamten sich so vielen andern Arbeiten zu unterziehen hätten, um: so trenne man die Verwaltungen und zwar ohne Zeitverlust. Man sagt, daß einige Senatoren von früh Morgens bis spät Abends mit Arbeiten überhäuft sind, während Andre, denen es an Talent und Fähigkeiten nicht fehlt, mit Arbeiten übergangen werden und zwar in Folge ihrer Wünsche, wodurch manche dringende Sache Jahre lang unabgemacht liegen bleibt.

Würden nicht einige Mitglieder des Senats, die eine lange Reihe von Jahren das Wohl des Staates auf's Beste beherzigten, und, von der Vorsehung reich gesegnet, mit Zufriedenheit rück= mit Ruhe vorwärts blicken können, dadurch den besten Beweis ihrer Liebe an unser Gemeinwesen, ihres Patriotismus geben, wenn sie bei ihrem hohen Alter, welches ihrem gewiß guten, redlichen Willen, kräftig das Steuerruder zu führen, entgegen ist, jüngern, kräftigern Männern Platz machten? Wer würde nicht ein solches Opfer hoch ehren und dankbar anerkennen?

Ist es zu läugnen, daß die so ehrenvolle Stellung des Collegii Seniorum noch ungleich ehrenvoller und würdiger sein könnte, als sie ist? Könnten nicht unsre Staatsverhandlungen weit offenherziger und freisinniger betrieben werden, als geschieht? Müßte nicht der ganze Staat gehörig auf den Conventen repräsentirt werden? Haben wir uns nicht bei unsern bisherigen Conventsverhandlungen auf der einen Seite manche Uebereilungen und Geldvergeudungen zu Schulden kommen lassen, während wir durch Deputationen und Subdeputationen manche wichtige Sache Jahre lang unabgemacht liegen lassen? Ist es zu läugnen, daß die Censurbehörde ebenso kleinlich ängstlich als inconsequent verfährt?

Geld und abermals Geld ist die Losung der leider immer noch provisorischen Finanzdeputation! Müssen wir nicht gleich klugen Hausvätern das Uebel durch Ersparungen zu verbessern suchen? Giebt es nicht ungleich passendere Sachen, wobei gespart werden könnte, als die Schule? bei ihr sollte zuletzt gespart werden. Weit passender wäre es, zuerst an die Stellen der verschiedenen Behörden und Beamten zu denken, wovon manche bei schönem Gehalte sorgenfrei nur Morgens etwa 2 Stunden und Nachmittags eine ähnliche Zeit zu arbeiten brauchen.

Es kann sein, daß Manche von Ihnen, geehrte Herren, meine Aeußerungen herbe, unüberlegt nennen, mich für einen Feind unsres in so vieler Hinsicht glücklichen Freistaats halten, es ungeziemend finden, daß ich so spreche; aber beim allmächtigen Gotte! ich spreche mit reiflicher Ueberlegung, habe lange genug gewartet, bis Jemand, dem es besser als mir ziemte, so die Wahrheit spräche und ist irgend Jemand ein echter Bremer, hat Jemand unsern Freistaat lieb und Hochachtung für unsere Obrigkeit: so bin ich es. Viel ließe sich noch hinzufügen, ich will Sie indeß, geehrte Versammlung, nicht länger ermüden, sondern mit folgendem, für unsern Staat gewiß hochwichtigem Antrage schließen:

> Die Bürgerschaft wünsche, bevor sie sich auf die Mittel zur Deckung der angeliehenen Gelder und über eine Aenderung im Abgabesysteme einlasse, die constitutionellen Verhandlungen geordnet zu sehen; sie ersuche daher den Senat, möglichst bald und zwar spätestens in 4 Wochen, einen Convent zusammen zu berufen, der ausschließlich den constitutionellen Verhandlungen gewidmet sei.

Möchte doch dieser Antrag unterstützt werden, möchte er nicht allein in Ihre Herzen Eingang finden, geehrte Versammlung, sondern auch von unsern gewiß hochgeehrten Obern freundlich aufgenommen und gewürdigt werden."

Laute, anhaltende Zeichen des Beifalls, eine auf Bremens Conventen ungewöhnliche Erscheinung, folgte diesen Worten; der Antrag wurde von vielen Seiten mit kräftigen Worten unterstützt und würde leicht bei einer Umfrage zum Bürgerschlusse geworden sein; Vortrager des Antrags motivirte ihn aber nach dem Wunsche mehrerer achtbaren Bürger dahin, daß die 1814 erwählte, so lange Zeit (seit 1820) außer Thätigkeit gewesene Constitutions=Deputation in's Leben gerufen, für die ausgetretenen Mitglieder neue erwählt werden möchten und der Senat ersucht werde, Anfangs November einen Convent zusammen zu berufen, der ausschließlich den constitutionellen Verhandlungen gewidmet sei.

Dieser Antrag ward fast einstimmig ohne Umfrage angenommen und der Senat ging noch denselben Tag darauf ein.

Bei den späteren sich so gewaltig in die Länge ziehenden Verhandlungen beschwichtigte der Rath am 17. December den Unmuth der Bürgerschaft durch folgende Worte:

„**Daß es dem Senate mit einer zeitgemäßen Ausbildung unserer Verfassung und Verwaltung heiliger Ernst sei**, dafür bürgt Seine ganze öffentliche Wirksamkeit seit einer Reihe von Jahren, die Er dem richtenden Blicke der Mit= und Nachwelt ruhig unterwirft; dafür bürgt die Erklärung, die Er heute wegen der Verfassungsangelegenheit abgeben wird; dafür endlich bürgt mehr als alles Andere die ganze Lage der Weltangelegenheiten, die keinen Stillstand, kein müßiges Beharren bei dem Errungenen gestatten. Darum darf Er auch wohl von den Genossen unsers bis dahin glücklichen Gemeinwesens, besonders von Denen, die mit Ihm das öffentliche Wohl berathen, erwarten, daß Sie Sich in Vertrauen und Liebe Ihm anschließen und Ihn, so lange uns noch unter den beschwornen Gesetzen zu leben vergönnt ist, in deren kräftigen Handhabung unterstützen."

Wie wenig es dem Senate mit diesen schönen glatten Worten Ernst gewesen ist, wie der Vorsitzer der Constitutions=deputation, der Bürgermeister Smidt, jenes feierliche Versprechen des Senats Jahre lang zu vertrödeln verstand, wie sehr er es vorzog, die Deputation in Stich zu lassen, auf lange Zeit davon zu gehen, um in Wien und Frankfurt nach seines Meisters und Freundes Metternich Systeme durch noch schärfere Gesetze als früher das deutsche Volk zu fesseln und die Jahre langen Verhandlungen kein anderes Resultat lieferten, als eine Masse Papier, nur von Käsehökern zu gebrauchen, das ist ja genügend bekannt.

War bei solchen Erfahrungen und bitteren Täuschungen das Bremische Volk im März 1848 nicht vollkommen berechtigt, der Lüge und Ungerechtigkeit Trotz zu bieten? War sein Widerstand gegen des Senats Machtsprüche, sein Aufstehen gegen die Unbilde der uralten Verfassung nicht billig und gerecht? Schon im Anfange des 17. Jahrhunderts hatte man das Mangelhafte der Verfassung erkannt, indem am 3. December 1606 der Bürgermeister Kresting es war, der auf dem Bürgerconvente eine Reform vorschlug, aber zu großen Widerspruch fand. Mehr als je ward das Bedürfniß zur Reform gefühlt, als im October 1813 Bremen vom Französischen Joche befreit wurde. Es war am 6. November 1813, als der Senat, der an diesem Tage in Amt, Würde und Gehalt wieder eingesetzt ward, zu der Bürgerschaft folgende Worte sprach: „Zu thun, was an uns ist, die Deutsche Freiheit sichern zu helfen, sei unsre erste Sorge; und nach beendigter Befreiung die zweite, durch eine sorgfältige Reinigung unsrer Verfassung von ihren früheren Mängeln den Völkern Europas zu zeigen, daß Bremen würdig sei, als selbstständiger Staat ein Glied des Deutschen Völkerbundes zu heißen."

Aber auch damals waren es eitel Worte gewesen, wol nur augenblickliche Dankbarkeit für wiedererlangte Macht. Auch damals ward eine Deputation zur Verbesserung der Verfassung ernannt, auch damals, wie 1831 währten die Verhandlungen länger als 6 Jahre und lieferten als Resultat eine Null.

Und 1848, wo das ganze Deutsche Volk sich erhob, die Rechte fordernd, die den Menschen als Menschen gebühren, die bürgerliche Freiheit verlangend, welche ihm von den Regierern, als diese in Noth waren und auf ihren Thronen und sammtnen Polstern durch Kraft, Opfer und Blut der Völker gehalten wurden, da wäre es ein ewiger Schimpf gewesen für Bremen, welches mehr als monarchische Staaten durch Absolutismus regiert ward, wenn es nicht endlich seinen Willen durchgesetzt, wenn es abermals sich durch Worte hätte hinhalten lassen. Und so geschah es. Das Volk war es, welches der bekannten Petition an den Senat am 8. März den Nachdruck gab, ohne den ernsten Willen des Volks, ohne seinen Ruf „Jetzt oder Nie, Alles oder Nichts!" ohne seine mauerfeste Stellung auf der Rathhaushalle hätte die Petition nicht die Kraft und Geltung erhalten. Der Senat wird und muß halten, was er seit 1813 zum dritten Male in ernster Stunde feierlich gelobte; noch ist nicht Alles zur Wahrheit geworden, was in jener Petition verlangt ward und was feierlich versprochen ist, das Criminalgericht übt noch seine Macht und Willkühr bei verschlossenen Thüren ohne Geschwornengerichte und sendet bald diesen, bald jenen Bürger für ein freies Wort in einsame Kerker, noch ist viel übrig, der geschehenen Anerkennung der Reichsverfassung die nothwendige Durchführung folgen zu lassen. Bremen hat zwar am 8. März 1849 eine neue Verfassung erhalten, sie enthält viel Gutes, aber auch viel vom alten aristokratischen Systeme und die gerechten Erwartungen des Bremischen Volks sind bis jetzt nicht erfüllt. Das Volk hat daher auch die neue Verfassung gleichgültig aufgenommen und sich am 8. März, als sie nach dem Beschlusse des Senats und der in der Majorität so sehr aristokratisch gesinnten Bürgerschaft proklamirt ward, an der Feier fast gar nicht betheiligt, mit desto größerem Jubel aber denselben Tag, den 8. März 1848, begrüßt und auf's Glänzendste gefeiert. An ihn denkend, hielt der Verfasser folgende Rede, nach dem Wunsche der Mitglieder des demokratischen Vereins veröffentlicht:

„Deutsche Brüder!

Er ist auf's Neue erschienen der März mit seinen Knospen und Blüthen und fordert uns auf zu feiern jene Tage seines Vorgängers im Jahre 1848, an welchem es so mächtig tagte in allen Deutschen Gauen, an welchem der Sturm losbrach und das Volk, erleuchtet von den Blitzen des Pariser 24. Februar, aufstand zur Revolution gegen seine großen und kleinen Dränger, abzuschütteln die Schmach und die Ketten, zu öffnen die Kerker, in welchen Tausende für ein freies Wort schmachteten und zu zerreißen die Urtheile, über Tausende verhängt, welche als Flüchtlinge in fremden Ländern mit Sehnsucht die Zeit zu freier Rückkehr erwarteten.

Siegreich im blutigen Kampfe mit den besoldeten Schergen der Fürsten vernichtete das Deutsche Volk die tyrannischen Edikte, die uralten Verfassungen mit ihren Zöpfen und Privilegien, verbannte die Farben der Herren von Gottes Gnaden, das Schwarz-Gelbe und das Schwarz-Weiße und zwang sie, zu huldigen dem von ihnen früher so furchtbar verpönten Schwarz-Roth-Gold; durch Nacht und durch Blut errang es der Freiheit Gold und pflanzte auf das Panier der Rechte des Menschen. Zwar ist so manche Knospe des März nicht aufgegangen, so manche Blüthe zerknickt, so manche Saat zertreten, die so jubelnd begrüßte Centralgewalt liegt in Centralohnmacht; auf's Neue sind die Kerker mit freisinnigen Männern gefüllt und feierliche Versprechungen sind zur Lüge geworden, die Fürsten wissen sich nur durch ihre Militairdespotie zu schützen und das Reichsministerium findet nur in einem Gensd'armeriesystem seine Macht; aber das Volk läßt sich von der errungenen Mündigkeit nichts nehmen und holt selbst aus den Zuchthäusern seine Vertreter; es verlangt Garantien und beharrt in Revolution.

Auch das Bremische Volk, bisher so genügsam mit dem Zucker des Absolutismus, wollte nicht mehr im Käfig gefüttert sein, zersprengte ihn und ließ in freier Luft seinen Freiheitsgesang „Jetzt oder Nie, Alles oder Nichts!!!" erschallen. — Mit diesem Rufe stand es am 8. März 1848 Kopf an Kopf wie ein Fels in weiter Rathhaushalle und vernichtete den Nimbus der Beherrscher; zu oft getäuscht und betrogen, hörte das Volk weder auf die Bitten der Hochweisen, Hochgelahrten und Hochgeborenen, noch der den Mantel nach dem Winde tragenden Versöhnungsmänner: „Habt Geduld, habt Vertrauen, gebt uns Zeit zum Ueberlegen." „„Jetzt oder Nie! Alles oder Nichts!"" war die Antwort und hallte wieder von der das Rathhaus umlagernden und auf dem Markte dichtgeschaarten Menge. Man wich nicht, bis der Senat feierlich gelobt hatte, die an ihn gestellten Forderungen und Bedingungen zu erfüllen. Nun erst gingen die, viele Stunden auf einem Platze gestandenen Bürger, den Ihrigen die frohe Botschaft zu bringen, zu schmücken die Häuser mit Deutschen Farben und sie hell zu erleuchten bis spät in die Nacht. — Verschwunden und nicht nöthig waren Polizei und Soldateska, Tags vorher so rührig, die aufgeregte Masse zu beschwichtigen; in dem Jubel und in den dichten Wogen des Volks mischte sich kein Mißton, kein Unfall störte die laute Freude.

Die Forderungen des Volks waren so gerecht, so zeitgemäß, daß seine Mäßigkeit und sein Versöhnungsact in hohem Grade Bewunderung verdienen. Bremens Volk machte zwar den 8. März 1848 zur vollendeten Thatsache: allein es erkannte auch an jenem Tage, daß Bremens Revolution erst dann als beendet zu betrachten sei, wenn nicht allein seine Bedingungen beim Versöhnungsact vollkommen erfüllt, sondern auch eine freisinnige, im demokratisch-republikanischen Sinne abgefaßte Verfassung in's Leben gerufen sei.

Fruchtlos ist das Bemühen einer kleinen Anzahl der Volksvertreter gewesen, solch' eine Verfassung zu erkämpfen; in der bei Weitem größeren Anzahl der Vertreter ist das Bremische Volk bitter getäuscht, seine gerechten Erwartungen sind unerfüllt geblieben und seine Hoffnungen richtet es auf eine neue Composition der Bürgerschaft.

So mischt sich denn heute in den Jubel der Erinnerung an den in Bremens Geschichte ewig denkwürdigen 8. März 1848, den das Bremische Volk zu feiern beschloß, der Wermuthstrank einer nicht genügenden Verfassung; das Kleid, womit uns Rath und Bürgerschaft **heute** zu beschenken beschlossen, als der Wunsch der Bürger, den 8. März 1848 zum ewigen Festtage zu erheben, laut wurde und als Antrag gestellt ward, ist für des Volkes starke Glieder so unbequem und eng geworden, daß wenn man auch für den Augenblick genöthigt ist, sich dem Willen und den Beschlüssen der Majorität zu fügen, doch der Wunsch mit dem Bewußtsein, die Kraft der Glieder werde sich mit der Zahl der ächten Demokraten immer mehr stärken und erweitern, ein lebendiger ist.

So laßt uns denn, Deutsche Brüder, heute nur der deutschen Märzfeier des Jahres 1848 gedenken und in dem Gedanken an die Grabhügel Derer, welche im Kampfe für die Freiheit fielen, geloben, ihrem Beispiele zu folgen, nicht zu ermüden, das zu erlangen, was uns von Gott und Rechtswegen gebührt, damit die Souveränität des Volks immer festeren Boden gewinne; laßt uns Kränze von Immortellen winden für die gefallenen Brüder, laßt uns das Drohen der Aristokraten verachten und uns durch ihre jesuitischen Mittel weder verwirren noch entzweien lassen, laßt uns in der Einigkeit die Stärke finden und „mit Gott für's Vaterland!" „Alles für's Volk, Alles durch's Volk!" unser Wahlspruch sein.

Und Ihr, wackere Mitglieder der demokratischen Vereine, die Ihr für die gerechte Sache schon so manche Opfer brachtet, die Ihr so geduldig Hohn und Spott, Lüge und Verleumdung der herzlosen, unversöhnlichen Aristokraten ertrugt, laßt uns am heutigen Festtage den festen Vorsatz zu einer noch engeren Verbrüderung fassen.

Jetzt auf zum Anschlusse an den großen Festzug.

Hoch lebe der 8. März 1848! Hoch lebe das Deutsche Vaterland!!!"

Wir leben in einer schönen, herrlichen Zeit, trotz der Gräuel die geschehen, trotz der Kerker, die sich erweitern, trotz des Bluts, das da fließt, es ist eine schöne Zeit, eine Zeit der reichen Aussaat; daß da manches Korn von Würmern zerfressen, so manche vielversprechende Sprößlinge vom Hufschlag der Pferde zertreten werden, darf uns nicht abschrecken, daß so manches schon in üppiger Blüthe stehende Feld plötzlich durch Sturm und Hagelwetter zerstört wird und wir noch so wenig Früchte von der Aussaat gewahr werden, darf uns nicht entmuthigen.

Aus den Wolken, die sich thürmen, aus dem Nebel, der immer dichter diese schöne Erde umkreis't, wird die Sonne in voller Pracht und Majestät hervorgehen und die Rinde, wodurch jetzt so manches menschliche Herz hermetisch verschlossen ist, lösen. Als Frankreichs Joch so schwer auf unser deutsches Vaterland lastete, da ward die Wahrheit verbannt, das Wort lag in Fesseln und der Seufzer durfte nicht laut werden; nur durch die That konnte Erlösung vom Joche erlangt werden, und es ward gehandelt bei Leipzig und Großbeeren, an der Katzbach und bei Culm und in Erz und Marmor stehen sie geschrieben die Thaten die dort geschehen und des Kriegers benarbte Stirn und des Königs eisernes Kreuz zeugen vom Deutschen Willen und Deutscher Kraft. Schon vor 1848 ist unendlich viel gesprochen und geschrieben worden von den Pflichten der Regenten und den Rechten der Völker, von Recht und Gerechtigkeit, von gesetzlicher und bürgerlicher Freiheit; aber das Wort reichte nicht aus, die Schrift ward unterdrückt, tauben Ohren ward geprebigt und Blinden das Licht gezeigt; — es mußte gehandelt werden, es blieb kein Ausweg. Frankreichs Revolution des Februar 1848 gab dazu die beste Gelegenheit und besser vorbereitet als 1830 und ernster und kühner trat das Deutsche Volk gegen Fürsten-Tyrannei, gegen Senats- und Beamten-Willkühr in die Schranken. Nur der Irrthum kann durch Worte beseitigt werden, der Eigennutz wird blos durch Schaden klug, die Herrschsucht allein durch Uebermacht überwunden. Ueber beide hat schon seit vielen Jahren ein strenges und furchtbares Gericht begonnen und mit immer beschleunigter Geschwindigkeit rollt, besonders seit den großen Julitagen des Jahres 1830 und den noch weit glorreicheren Märztagen des vorigen Jahres, Europa aus den alten Fugen gerissen, tief aufstöhnend, einem neuen Schwerpunkte zu, in welchem angelangt, es denn nach langer Schmerzensarbeit seiner höhern Bestimmung friedlich und heiter entgegen reifen wird.

Berichtigung: In der Note S. 79 lese man statt „Lächerlichkeit" „Unzuträglichkeit".

www.ingramcontent.com/pod-product-compliance
Lightning Source LLC
Chambersburg PA
CBHW021716230426
43668CB00008B/848